CÓMO EDITAR y PUBLICAR UN LIBRO

Luiza Abello

Contenido

1. CAPÍTULO 1   1

2. CAPÍTULO 2   39

3. CAPÍTULO 3   68

4. CAPÍTULO 4   92

5. CAPÍTULO 5   106

6. CAPÍTULO 6   145

7. CAPÍTULO 7   167

8. CAPÍTULO 8   180

CAPÍTULO 1

U^{NO}

Sueño y vigilia del creador

El autor y su decisión de publicar un libro

Lo que se sabe es que en su origen, la literatura estaba regida por una Ley del Agua, es decir, la oralidad. Luego sabríamos que del agua nace el fuego, o sea la escritura.

Santos López

El escritor es aquel al que escribir le resulta más difícil que a las demás personas.

Thomas Mann

Rostros tras el libro

Relación entre el creador, el escritor y el autor. Quien publica necesita reconocerse autor.

Alguien antecede al escritor y al autor. Es menester darle un rostro.

¿Cómo nombrar ese ardor que somete al placer o a la esclavitud de escribir o, simplemente, despoja de esa deuda? ¿Quién está allí?

¿Qué rostro habla? El creador, ardor etéreo, hallado en el umbral de la voluntad, doblega el verbo, decide cuándo, cómo y sobre qué se alcanzará a escribir.

Pasan los años y no hay palabra alguna sobre el papel o ningún caracter en la pantalla. El poema, el cuento, la novela, el ensayo, la crónica, la obra dramática o cualquier otro tipo de texto, sólo preexisten en forma de idea o de sueño como le sucedió a Jaromir Hladík, personaje del cuento de Jorge Luis Borges "El Milagro secreto", quien el día antes de su fusilamiento, en su celda, con la angustia de dejar inconclusa su obra Los enemigos, le pide a Dios que le conceda un año para terminarla. Al día siguiente, a minutos de su muerte, un sargento le entrega un cigarrillo, una gota de lluvia cae sobre una de sus sienes "y rodó lentamente por su mejilla; el sargento vociferó la orden final", el universo físico se detuvo, el milagro ha sido concedido. Jaromir corrige, cambia y finaliza su drama en versos. Coloca un punto en la última palabra pensada y "la gota de agua resbaló en su mejilla". El tiempo otorgado ha culminado. Se oyen los disparos y muere.

Esto no lo dice Borges, pero el creador permitió que Jaromir acabara de escribir su obra. Jaromir hizo una plegaria a Dios, su voz fue atendida. Claro está, concluyó su escritura en la mente. En

cambio, el escritor, el Jaromir que estaba preso fue ejecutado antes de cumplir la tarea de terminar su drama en el plano físico. Este cuento de Borges ejemplifica cómo el creador puede consumar una idea sin que el escritor participe. El autor, por supuesto, nunca aparecerá. Al respecto Thomas S. Eliot dice:

Nada grande ha sido creado sin que el creador se haya consumido completamente en su obra. (Eliot citado por Santos López, 2004).

Algunos incidentes pueden impedir que una persona escriba. Ser escritor es un destino y no siempre se halla un atajo que permita acceder a él, sea por decisión voluntaria o involuntaria.

El escritor no puede callar la voz del texto, a no ser que cancele la palabra. Dicho de otro modo, a menos que suspenda el acto de escribir. (Ana Teresa Torres, 2012).

Dentro de los ciclos creativos, hay períodos en los que el creador aglutina todo y no siempre permite que el escritor emerja. Sin embargo, existe una línea muy delgada entre el creador y el escritor y es cuando aparece el autor, una máscara voraz que se alimenta de los dos.

Lo que el autor va describiendo puede convertirse en destino, hacerse un destino inexorable que finalmente se constituye en su verdadera naturaleza. (Guillermo Sucre, 1985).

Esta reflexión que he ido tejiendo durante algún tiempo, exige contemplar la tríada creador-escritor-autor y observar sus movimientos y juegos, unos ya muy conocidos, otros más velados.

El creador, el escritor y el autor coexisten en una misma persona: es usual que una persona conciba una idea, la desarrolle, la escriba y luego publique un libro. Pero, no todo es tan sencillo porque cada uno (el creador, el escritor y el autor) lucha por tener un espacio en una misma persona. El creador, verbo, espíritu, atesora sus ideas. El escritor padece y disfruta de la experiencia de escribir, vive en la espera de las palabras que como migajas llegan, pues él ignora cómo llamarlas. El autor, en cambio, emerge representando su papel, una vez dueño de la voz y el texto que hereda. Sólo hará lo que el escritor le permita: ser un nombre jurídico, una firma, un paratexto en la portada del libro.

El autor es la voz del escritor, su vehículo con el mundo, y paradójicamente no es el dueño de la voz del texto. De modo que en este primer desdoblamiento autor y escritor aparecen imbricados pero distintos, y el autor, inmediatamente que se pregunte a sí mismo, tendrá que reconocer en sí la existencia de otro que escribe, o si se quiere, de otro-que-es-en-el-texto. Ese otro es el sujeto de la escritura. (Ana Teresa Torres, 2012).

El creador y el autor juntos, y el escritor se aparta. Cuando el creador tiene una idea y desea asentarla en el mundo, encarna en una persona que recibe la idea a través de sus vivencias, sus

experiencias traumáticas o de celebración vital, o, simplemente, recibe la idea a través de la historia de otro.

Lo cierto es que esta persona, a veces, no encuentra cómo contar aquello que le fue dado o no posee las herramientas suficientes para verbalizarlo. Entonces, contrata a un "escritor fantasma", o "negro" como es llamado en Venezuela, para que le escriba el libro. El escritor de oficio escribe todo aquello que le ha sido narrado, le da forma y cuerpo a imagen y semejanza de lo que el creador quiere contar. Una vez terminado de escribir el texto, el "escritor fantasma" no lo firma, se retira, y sigue su camino en busca de un creador que requiera de un "escritor fantasma" para mostrarse en el mundo. El "escritor fantasma" o el "negro" no es un fenómeno nuevo. Son muchas y considerables las causas que obligan a una persona a contratar a un escritor para que le dé cuerpo a una idea. Luego, tendrá un manuscrito entre sus manos que no escribió, pero que contiene su vida, sus alegrías, las ausencias y los anhelos. Es el creador de su obra, todo él está contenido allí. Decide editarlo y publicarlo. Comunicará la noticia con alegría. Convocará a sus familiares y amigos. Los hará a todos partícipes de esta buena nueva: es un autor.

En una ocasión, yo estaba haciendo la coordinación editorial de un libro. En la hoja de agradecimiento veo que el autor expresa su gratitud a otra persona por la escritura y redacción de su texto. En ese momento, me doy cuenta de que el libro ha sido escrito por un escritor "fantasma o negro". Inmediatamente, llamo al "negro", que resultó ser un amigo, para preguntarle si estaba de acuerdo con la mención de la que era objeto. Para mi sorpresa, cuando conversaba con el escritor, recibo la llamada del autor. Durante varios minutos estuve hablando, al mismo tiempo, con el escritor y con el autor, mientras hacía en el manuscrito las correcciones que ambos señalaban. Por supuesto, el escritor pidió no ser mencionado. El autor asintió sabiendo que era lo mejor para él.

El creador y el escritor se unen, niegan el autor: saber y asentir no siempre es sencillo. Ha sido común en la literatura recibir la noticia de escritores que no quieren publicar sus creaciones. Franz Kafka escribió mucho, pero publicó poco, negándose a sí mismo

como autor; sus novelas, cuentos y ensayos lo sobrevivieron. En vida, Kafka dio órdenes estrictas a su heredero, Max Brod, de quemar todos sus textos inéditos. Brod "desobedeciendo" a Kafka y obedeciendo más al llamado de los textos que luchaban por no ser destruidos, decide publicar toda la obra inédita de Kafka y lo convierte en autor. Experiencia similar ha ocurrido con otros escritores. Por citar una más, no menos relevante, está Emily Dickinson, quien escribió grandes poemas, negándose a publicarlos, a ser autora. A su muerte, su poesía completa fue publicada por su amiga Mabel Loomis Todd y por su maestro Thomas Wentworth Higginson. La poeta Dickinson fue autora después de muerta.

El escritor engaña al autor cambiando su nombre y crea el seudónimo: el escritor firma su libro con un nombre distinto al suyo para no ser reconocido. Con el seudónimo el escritor no fragmenta su identidad, sólo engaña al autor (a la máscara) al colocar en la portada un nombre diferente. Emily Brontë publicó Cumbres borrascosas bajo el seudónimo de Ellis Bell; Amandine Aurore Lucile Dupin utilizaba el seudónimo de George Sand; Bioy Casares y Jorge Luis Borges escribieron bajo el seudónimo de Bustos Domecq, Seis problemas para Isidro Parodi. También, en algunos concursos literarios, las bases del mismo exigen que los participantes firmen con otro nombre sus obras.

El escritor crea uno o varios personajes con distintos temperamentos y los llama heterónimos: emergen de la psiquis del escritor, con personalidad, estilo y vida propia. Personajes que el escritor convierte en escritores y autores al mismo tiempo. Es un entramado, pues cada personaje recrea una existencia. José Emilio Pacheco concibe los heterónimos de Julián Hernández y Fernando Tejeda; Antonio Machado ideó a los autores Juan de Mairena y Abel Martín; Eugenio Montejo crea varios, entre ellos Tomás Linden, Blas Coll, Sergio Sandoval. Por último, los heterónimos más conocidos son los de Fernando Pessoa, quien inventó más de veinte personajes con vida propia y llevó esto a tales extremos, según sus biógrafos, que cada vez que uno de sus heterónimos aparecía, Pessoa actuaba, pensaba, escribía y publicaba con el

temperamento de ese personaje y dejaba de ser él por un tiempo y se convertía en Álvaro de Campos, Ricardo Reis, Alberto Caeiro, Bernardo Soares o en otros más.

El autor compila varios escritores bajo su firma: las compilaciones reúnen textos firmados por distintos escritores quienes ceden los derechos del artículo o texto sólo para esa compilación. Son textos con autoría. El compilador, quien firma el libro, es el responsable jurídico de la obra, por lo tanto es el autor. Recuérdese que un autor no necesariamente es quien escribe. La legislación sobre derechos de autor explica esto muy bien.

El escritor decide que el autor sea anónimo: cuando una obra escrita no tiene la firma de un autor puede ser por motivos disímiles. A veces, el tiempo se ha encargado de borrar el nombre del autor; otras, la obra ha formado parte del nacimiento de una lengua o proviene de la herencia oral de un pueblo antes de ser transcrita, en otros casos, porque el escritor nunca firmó su obra por persecuciones religiosas o políticas, o porque el escritor decidió no usar máscara o prefiere, simplemente, el anonimato.

Autor por encargo: una editorial asigna a un autor la escritura de un texto de actualidad o con interés comercial. Cuando el autor acepta, la editorial establece un contrato con él cuyas modalidades pueden variar según la política de la casa editora. Este acuerdo podría incluir un adelanto de dinero antes de escribir el proyecto y un pago final al concluirlo. En este tipo de edición, la editorial se reserva, casi siempre, los derechos patrimoniales porque la idea y el tema del proyecto son suyas. El autor podrá disfrutar de los derechos morales de su libro, que nunca se pierden, a menos que él los niegue. Muchos escritores trabajan bajo esta modalidad de escribir por encargo. Esta experiencia ha generado polémicas porque los autores no son empleados de las editoriales y, trabajan muy duro para terminar el libro en las fechas acordadas. En este tipo de contrato los escritores no disfrutan de ningún tipo de beneficio laboral de los que establece la Ley.

Autor prepago: la experiencia surge en el seno de algunas editoriales comerciales, que encargan un texto de interés colectivo (psicología, sociedad, belleza, salud) para comercializarlo. El texto ha sido escrito por un profesional que lo escribe y no lo firma. Según el país donde será mercadeado, las editoriales adaptan los contenidos del libro a los modismos locales y "alquila" la firma de una figura pública con presencia y reconocimiento en los medios de comunicación y dominio de marca, para que sea el autor. Es decir, hablo de un libro al que le será asignado un autor diferente dependiendo del país donde sea distribuido y vendido.

Rostros tras el libro

CREADOR es.

ESCRITOR nace y renace.

AUTOR se hace.

CREADOR ardor en el alma y en el cuerpo.

ESCRITOR persona.

AUTOR un nombre, coautor (varios nombres), corporativo (oficina, institución, empresa, organización, sociedad).

CREADOR padre de las ideas.

ESCRITOR dueño del oficio de escribir.

AUTOR legalmente es el responsable del libro.

CREADOR se alimenta de las ofrendas que le hace el
escritor.

ESCRITOR ofrenda su vida al creador a cambio de trabajar con la palabra.

AUTOR no hace ofrendas, es la voz del creador y su
alimento es el

ego del escritor.

CREADOR vive en los sueños y en las revelaciones.

ESCRITOR su espíritu es el creador, tiene alma y sombra.

AUTOR tiene su morada en la portada del libro (paratexto).

CREADOR desde el umbral de la voluntad lo marca una pulsión.

ESCRITOR precisa de sus emociones, sombras y luz para escribir.

AUTOR es el rostro del escritor, recibe los elogios, reconocimientos y fracasos del libro.

CREADOR decide cuándo y sobre qué escribe el escritor.

ESCRITOR es un intermediario entre el creador y el autor.

AUTOR por ley disfruta de los derechos que le concede la obra.

CREADOR atemporal, percibe el mundo intangible.

ESCRITOR introvertido, intemporal, morador de la vigilia, desea tocar elespíritu con su palabra.

AUTOR temporal, su vida transcurre mientras el creador y el escritor así lo quieran.

El andar del autor

De la antigüedad a la cibercultura.

En la antigüedad, los mitos eran evocados en búsqueda de la sabiduría. La primacía era observar las leyes de la naturaleza, descifrar sus signos, revelando la palabra de los dioses. Era costumbre leer en las entrañas de los animales y los fenómenos eran advertidos. Se escribía en colectivo mediante los distintos alfabetos. Las obras eran un legado de la tradición oral, luego fueron la expresión de ideas. Es el alejamiento de la oralidad y el predominio del discurso escrito. Así comenzó el creador a manifestarse en la conciencia de un colectivo que más tarde se diversificó hasta tomar posesión del autor.

En occidente, hubo tiempos en que las obras literarias (narraciones, cuentos, poesías, epopeyas, tragedias, comedias) eran valoradas sin considerar al autor. Antaño se compilaron estos textos y más tarde se aglutinaron en una serie de libros. Con los años se formaron entre ellos una sucesión de vínculos para apreciar lo arcaico y su valor bajo el nombre de una misma persona. Sin embargo, no son pocos los autores de la antigüedad a los que se le conoce una existencia real, y ya sea porque vienen de familias prominentes o porque tuvieron importancia histórica. Lo cierto es que muchos firmaron sus obras: Hesíodo, Esquilo, Sófocles, Eurípides, Tucídides, Jenofonte, Demóstenes, Cicerón, Julio César, Virgilio, Ovidio, y San Agustín. La lista podría ser larga. Grandes nombres como Aristóteles y Platón, a los que tal vez se le atribuyan obras de los seguidores de sus escuelas, fueron autores reales, de reconocida existencia, es decir, que la mayoría de los trabajos de estos filósofos y escritores que han sobrevivido al tiempo, sí fueron obras de esos autores.

Pasaron varias centurias y la noción de autor vivió su mudanza, su evolución, y es así como en la edad media los primeros libros se publicaron por encargo de la Iglesia y de la corte. En su mayoría, eran leídos por algunos nobles y monjes. Estos últimos eran los copistas. En la edad media no existía la noción de autor como se conoce hoy día. Existía la concepción del escriba, quien poseía las herramientas para plasmar por escrito la mayor parte de la mitología y del imaginario de sus sociedades, civilizaciones o culturas. La literatura medieval está caracterizada en gran parte por el anonimato, especialmente las épicas o poemas épicos que relatan la formación de los pueblos luego de la caída del imperio romano. Ejemplo de esto, los libros de caballería, El cantar del mío Cid, los textos de la corte de Arturo y del ciclo del Santo Grial. Dios era el centro del mundo, reconocido como el único creador. Paradójicamente, este período dio nacimiento a grandes autores como Petrarca, Dante Alighieri, Boccaccio, Tomás de Aquino y los padres de la Iglesia, entre muchos otros.

Por una parte, esa vida está informada por una visión idealizada del mundo, que lo presenta como un orden integrado en que lo temporal es espejo de lo eterno. Cada objeto tiene su lugar debido en el orden de las cosas. Esta visión intelectual de un sistema total encuentra su suprema expresión en Dante y Tomás de Aquino, aunque gran parte de la mentalidad medieval corriente también aspira a ella continuamente. Sin embargo, al pensamiento medieval, para no hablar la vida medieval, le resulta difícil el ser enteramente

sistemático. No está sólo la dificultad de conciliar el feudalismo con la herencia heroica y cristiana, sino también la tensión entre la Biblia y Aristóteles. (Alasdair MacIntyre, 2001).

El renacimiento (del siglo XV al XVI) abre las puertas al autor como individuo con nombre, rostro e historia. Hay un cambio de perspectiva, se regresa a las formas grecolatinas y romanas, el hombre se convierte en el centro del mundo, y esto hace que la figura del autor ocupe un lugar propio, al margen de lo teocéntrico. A lo mencionado, se suma la invención de la imprenta. Testigos de esa época son las publicaciones de Nicolás Maquiavelo, Erasmo de Rotterdam, Torcuato Tasso, Chaucer, Francois Rabelais y otros más.

Con la modernidad se comienza a hablar de autor con mayor libertad y es a partir del siglo XVII cuando al escritor se le exige que firme cada una de sus obras. Es una obligación que los libros impresos tengan en su portada el nombre de quien los escribió. La modernidad trae consigo el liberalismo y la ilustración. Se consolida la figura del autor que aparece en el renacimiento. El mundo está centrado en torno al individuo y el nombre del autor demuestra que la obra existe. Son los tiempos de Descartes, Locke, Voltaire, Rousseau, la autonomía individual en su máxima expresión. Diderot realizó el compendio de la primera Enciclopedia en la que participaron numerosos escritores. Era obligatorio no sólo que todo libro llevara el nombre de su autor, sino que éste también respondiera por su palabra escrita, asumiendo los aplausos, la culpa, el rechazo, la prohibición y la fama. En este sentido, el autor es un personaje moderno que nace de la urgencia de hallar un culpable a las transgresiones y agravios traducidos en palabras y entregados al escrutinio público.

Y cuando se instauró el régimen de propiedad para los textos, cuando se decretaron reglas estrictas sobre los derechos del autor, sobre las relaciones autores-editores, sobre los derechos de reproducción, etc., -- es decir, a finales del siglo XVIII y a principios del siglo XIX-- es en ese momento que la posibilidad de transgresión perteneciente al acto de escribir tomó cada vez más el cariz de un imperativo propio de la literatura. Como si el autor, a partir del momento en que fue colocado en el sistema de propiedad que caracteriza nuestra sociedad, compensara el estatuto que así recibía al encontrar el antiguo campo bipolar del discurso,practicando sistemáticamente la transgresión, restaurando el peligro de una escritura a la que, por otro lado, se le garantizaban los beneficios de la propiedad. (Michel Foucault, 1999).

Desde la segunda mitad del siglo XVIII hasta mediados del siglo XIX, Europa fue testigo del nacimiento del espíritu romántico y de la exaltación del yo. Este movimiento se inicia en Alemania con los escritores Goethe, Schiller, Novalis y se extiende por todo el continente. El autor ocupa el centro de la obra, el texto es el vehículo del significado que el autor pretendió darle. El lector emerge como ente en el mundo cultural, un personaje concreto que ansía comprender lo que el autor anhela expresar. Sin embargo, es

en Inglaterra donde Mary Shelley -contemporánea de los románticos Lord Byron, John Keats, William Blake, Percy B. Shelley- escribe Frankenstein. En esta novela, la figura del autor es cuestionada por su obra: el monstruo le reclama a su autora el hecho de que lo haya creado como una criatura horrible, desfigurada, que causa miedo. Frankenstein es una metáfora de la rebelión del estilo y de un tipo de escritura que se dio en el romanticismo. El yo era el protagonista en oposición al clasicismo instaurado en la "uniformidad y el distanciamiento". Poemas y obras como los de Novalis, John Keats y Edgar Allan Poe son una premonición de la crisis de la autoría.

Décadas después, el poeta Sthephan Mallarmé advir-
tiendo la crisis del lenguaje, propone que escribir es
dejar que el lenguaje se exprese y no el autor. La propuesta de Mallarmé dialogaba con las de los también
simbolistas, Baudelaire y Rimbaud, y con los críticos, de
las diferentes corrientes, que un siglo después y una
vez divulgadas las obras, se dedicaron a estudiarlas y a
analizarlas en sus variados discursos, cuestionando la
figura del autor, desacralizándolo. Es en este sentido,
como la mayoría de los ismos literarios de finales del
siglo XIX y de la primera mitad del XX, terminaron ale-
jando al autor de su obra.

Lo que a principios del siglo XX acaece con la filosofía,
es análogo a lo que venía pasando desde el XIX, cuando Hegel enunciaba que "el ser humano se ha servi-
do siempre del arte como un medio para tener conciencia de las ideas e intereses más sublimes de su
espíritu"(1997). Nietzsche, padre de la posmodernidad,
declaraba la muerte de Dios: "¡Será posible! ¡Este viejo
santo en su bosque no ha oído todavía nada que Dios
ha muerto!"(1983). Marx cuestionaba el arte burgués. Y,
propiamente, en el siglo XX, Wittgenstein inauguraba la
filosofía del lenguaje: "los límites de nuestro lenguaje
significan los límites de nuestro mundo". Todo lo dicho

anteriormente, encuentra expansión y desarrollo al llegar la posmodernidad en la segunda mitad del siglo. Es entonces, cuando se declara que los textos, sean históricos, literarios o de otro tipo, no tienen autoridad u objetividad inherente para revelar la intención del autor.

En los años sesenta, Roland Barthes vuelve sobre la idea de Mallarmé de prescindir del autor al momento de analizar o leer la obra. Su proposición es la muerte metafísica del autor. El crítico francés plantea la desaparición del autor en su ensayo "La muerte del autor" y deja al lector sin más referencia que la obra. El texto tiene tantas interpretaciones como lecturas posibles. Esto se convierte en un juego infinito. Para él la sociedad del siglo XIX, al descubrir el prestigio del individuo, idealizó al autor, ignorando que todas las ideas plasmadas por el autor pertenecen a la cultura y no propiamente a él, es decir, el texto es transformado en sujeto. Cercano a la propuesta de Barthes, el también francés, Michel Foucault se pregunta: "Qué es un autor". En su ensayo, explica el derecho de la obra de sobrevivir al autor y de matarlo; al mismo tiempo se interroga: "¿Qué es la obra?" Observa en el discurso escrito un tejido de citas y múltiples ideas infinitas y hace énfasis en analizar la obra en su contexto prescindiendo del autor. El de-construccionista Jacques Derridá reconfirma la crisis de la autoría o el espejismo de la propiedad intelectual vinculada a la crisis del yo. La posmodernidad es una época de desencanto, de renuncia a las grandes utopías y a la idea de progreso de conjunto.

A finales del siglo XX y comienzos del siglo XXI, se instaura la cibercultura, que ya venía en silencio ocupando espacios desde décadas atrás. La aparición de las tecnologías digitales, la aplicación de las nuevas tecnologías de información y sobre todo internet abrieron un nuevo panorama para la conformación del texto. Si el texto es múltiple, el hipertexto lleva a extremos impensados por Foucault y Barthes y, prácticamente, borra al autor, para colocarnos en esa nueva edad media que Humberto Eco y otros vislumbraron a finales del siglo XX. Cada vez más, la figura del autor fue tomando nuevos registros, y el último alcanzado es el surgimiento de la web 2.0.

La forma de acceder, apropiarse y transmitir la información ha ido generando cíclicamente nuevos desarrollos sociales, políticos y económicos, propios aún de la posmodernidad. El autor al verse prácticamente borrado del texto, emerge, en nuestros días, con mucha más fuerza, guiado por una cultura más individualista, de inmediatez, donde los medios masivos y la industria de consumo son el centro de poder. El autor fortalecido es revestido de un nuevo narcisismo, con afán de protagonizar, con múltiples ideas para su autopromoción, con apropiación de roles. El autor no sólo se promueve y se autocritica sino que también cae en el juego consumista, pierde intimidad y su mundo gira en torno a las redes sociales.

La escritura se convierte en un oficio instantáneo y menos perdurable, ya que en las redes sociales la respuesta a lo que se escribe es inmediata. El autor pretende ser un agitador que recibe una contestación inmediata a lo que escribe. Se inserta, sin percatarse, en una dinámica de acción – reacción que no va más allá de ser un mero ejercicio de desgaste mental, físico y de tiempo. El escritor corre el riesgo de alejarse de su proceso creativo y ser devorado por un autor ocupado en su figura social y cultural, en su valoración, en lo que su nombre suscribe.

Ante este panorama, no hay que olvidar lo que dice la voz de la tradición: el andar del creador y el de su palabra escrita no es otra cosa que la búsqueda de un destino en el cual se encuentre un equilibrio entre el sueño y la vigilia, entre el autor y su obra. Esta búsqueda resulta paradójica para el escritor quien se balancea en los extremos: a veces escribe con la premura y la ambición de publicar y otras, sin el mayor interés en una publicación, sólo por el placer de materializar sus emociones, sus ideas y lo que el espíritu le transmite.

Despertando

¿Podré vivir de mi escritura?

¿Será verdad que la literatura no vende?

El sueño de vivir de la escritura que comienza en el siglo XIX, a partir de las dos posguerras del XX empezó a tener corporeidad. Era casi una obligación de la existencia narrar y describir la experiencia que había sacudido a la humanidad. En el ambiente estaba tomando forma una "democratización cultural", pues no era necesario tener una fortuna para escribir ni para leer. En los autores, un sueño consiguió espacio: vivir de la publicación de los libros. Como suele ocurrir con el arte, no todos los autores hicieron realidad esta esperanza; fueron muy pocos los privilegiados, el sueño de ser tutelados por los editores o por los Estados duró pocas décadas.

El siglo avanzaba y la posmodernidad fue concretando de forma demoledora una trampa: la comercialización de la escritura y tras ella, la sociedad de hiperconsumo como la denomina Lipovetsky. Aunque hay que recordar que la literatura comercial tiene su origen en la novela de folletín. En el siglo XX desde sus inicios ya había una literatura comercial y el consumo, como manera de valoración, surge en el XIX. Se escribía para vender y el número de ventas certificaba ser un mejor escritor y, además, autor reconocido, augurando que este último en algún momento podría llegar a vivir de su escritura. Una vez más, el autor había caído en sus propias redes: para las editoriales el autor era bueno si vendía muchos libros. Hoy día esta visión se mantiene y la mayoría de los editores siempre van detrás de un libro que venda.

Hoy, nadie negaría que la edición es un negocio. El cambio comenzó luego de la segunda guerra mundial, con la publicación de las primeras ediciones masivas en rústica, y se aceleró en la década de los sesenta, cuando la demanda de ediciones menos costosas condujo a la revolución de la edición en rústica. Más recientemente, la edición atravesó otra "revolución", en la medida en que las editoriales más pequeñas fueron adquiridas por gigantescas corporaciones. Uno de los resultados de esta tendencia ha sido un mayor énfasis en las utilidades. (Leslie T. Sharpe e Irene Günther, 2005).

El autor asido a su prestigio de ser llamado intelectual, a la posición social alcanzada, no se dio cuenta cuándo el editor pasó de "gestor cultural" a "gerente" centrado en sus propios beneficios empresariales y no en los intereses artísticos. El sector editorial cada día se alejaba más del arte para adentrarse en el entretenimiento. El auge de las redes sociales y la inmediatez de la comunicación masiva actual han movido a muchas editoriales a publicar según la popularidad de los temas que se perciben como tendencia en los medios masivos. Judith Guest (1976), narradora norteamericana, a propósito de esta relación tan compleja que se da entre el creador y el editor, dice: "El creador y el editor, las dos mitades de todo escritor, deben dormir en piezas separadas".

En este siglo XXI publicar libros es un imperativo. La experiencia otrora de escribir con toda la complejidad interior y exterior (que es la vida de un escritor, o de cualquier ser humano que ha procesado su experiencia de vivir) pasó a un segundo plano sin que nadie se diera cuenta. Llevar el título de autor de "algo" se ha hecho más importante (por lo menos en lo externo) que la experiencia solitaria y de exigencia lingüística, gramatical, semántica y estética que experimenta un escritor con su escritura. Nunca antes se habían publicado tantos libros impresos, aunque existan otros medios de comunicación como la radio, la televisión, el cine, las redes sociales, la telefonía y el libro digital que compiten entre sí. Las imprentas no detienen sus máquinas, las distribuidoras están saturadas, las librerías reciben cada día nuevos catálogos de libros y los lectores tienen ante sus ojos una variedad inabarcable de impresos por leer. El autor termina diluido en algo a lo que no le encuentra sentido, escribiendo cosas por encargo de modo apresurado, o entrampado para complacer los gustos comerciales de un público que lo mantiene alejado de su verdadera experiencia creativa y, por el contrario, lo acerca a una carrera cuyo único propósito es el de ser reconocido como autor, olvidando el anhelo primario que lo llevó a formarse como escritor para luego ser llamado autor.

No hace mucho todavía, los artistas y literatos aspiraban a crear obras inmortales; lo que hoy importa es ser "conocido", aparecer en los medios, vender muchísimos productos de duración limitada. La cultura clásica tenía por finalidad elevar al hombre, las industrias culturales se dedican a distraerle. El "valor del espíritu" de que hablaba Valéry ha sido reemplazado por el "valor de animación",explotado sistemáticamente al servicio del valor comercial. (Gilles Lipovetsky, 2007).

Esta configuración particular del escritor ha ocasionado en el autor una incomodidad exterior con el tiempo interior, por lo cual en ocasiones, el autor compite consigo mismo en el afuera para ver qué tantos libros es capaz ya no de escribir sino de publicar.

Robert Blenchley, humorista y actor estadounidense, ironizando sobre la angustia del autor por publicar más que por escribir, dijo alguna vez, en una entrevista: "Me llevó quince años descubrir que no tengo talento para escribir. Pero no pude dejar de hacerlo, pues para ese entonces yo ya era demasiado famoso".

El poshumanismo y la cibercultura han sometido al autor a una lucha titánica contra el tiempo. El autor se siente obligado, en la mayoría de los casos, a conseguir lectores para sus libros, a crear una o varias página web (web 1.0), a desarrollar un blog que debe "alimentar" con frecuencia, a insertarse en todas las redes sociales, a competir por su cantidad de seguidores (web 2.0) a realizar intercambios para estar presente en los medios convencionales y no convencionales, al estar en el aquí y en el ahora. Esto le ha traído un quiebre, un desgaste, un quebranto, que lo aparta y lo sumerge en una depresión que lo distancia de su proceso creativo y lo seca. La quebradura del autor de nuestros días y, por ende, del escritor no le permite ahondar en sus emociones, revivir sus experiencias para ir alimentando esa primera idea, que en algún momento cruzó por su mente.

Lo ideal, tal vez, no sea luchar por hallar centenares de lectores sino encontrar al lector del que habla Jorge Luis Borges. El sueño sería que el autor permita que cada libro halle en un lector la expansión, proyección e interpretación de la vida, en sus diferentes siglos, desde el comienzo de la humanidad.

Todo este anhelo es logrado en vigilia. Algo que podría llamarse el sueño dentro de la vigilia. Un estado de consciencia, de alerta, que permita dentro de esa dinámica de escritura y lectura, de autor y lector ir a una conexión con el pasado más antiguo, con el Origen y desde allí emprender un largo camino hacia el infinito.

Después de todo, el escritor siempre acaba aislado. Escribir lo coloca frente a sí mismo. No hay quien escape de ese movimiento. La experiencia de sentarse frente a la página en blanco o ante un dispositivo digital es una experiencia demorada en el tiempo y se lleva a cabo teniendo como única compañía los límites impuestos por la propia consciencia.

Lo creativo pone distancia con la realidad, se alimenta de ella, pero luego se aparta. El escritor (quien escribe, no quien publica) siente que el mundo lejos de ser afable se convierte en algo hostil; sólo desde muy adentro puede aliviarse nombrándolo de nuevo.

Una vez dueño de la escritura, del lenguaje escrito se lanzó a la tarea de escribir el mundo y la vida, recreándolos en la dimensión de una suerte de espejo, pero matándolos también. Como Adán, nombró las cosas y los asuntos para que éstos fueran en el pensamiento, en la memoria, en la consciencia del lenguaje escrito. (Juan Liscano, 1976).

El sueño de un creador es dar a luz su obra. Una creación a su

imagen y semejanza capaz de enlazarlo con un ideal, donde pueda superar sus propias posibilidades en un presente en el cual su palabra lo vaya rejuveneciendo y sea conocimiento para las nuevas generaciones.

Telaraña silenciosa

¿Cómo hallar lo extraviado dentro de mí?

¿Quiero realmente escribir esto?

¿De qué se nutre un escritor? Más allá de lograr ser un autor, ¿qué se busca con la escritura de un libro?

Lord Byron, dos siglos atrás respondió una pregunta de este tiempo: "Ciertamente, es agradable ver estampado el propio nombre; un libro es siempre un libro aunque no contenga nada".

Podría afirmarse que el autor de este siglo, producto de una cultura que está en constante cambio, escribe para no decir nada. ¿Qué contar ante tanta comunicación que va y viene? Comunicación que, además, llega procesada y lista para digerir, aún la información más compleja es triturada, masticada y sintetizada de un modo que es casi imposible no asimilarla apenas se lee, para luego olvidarla.

En nuestros días, el escritor, lejos del sueño de llegar a ser un autor, debería acompañarse de ese anhelo y melancolía que siempre le han sido propios, para reconciliarse consigo mismo. Es una forma de armar de nuevo el rompecabezas en el que le ha tocado fragmentarse en este siglo. Se escribe para reconquistar lo perdido: la Belleza. Y esa reparación, por lo demás punzante y traumática, como todos los procesos de la vida, sólo puede lograrse cuando:

Sigue habiendo algo en la distancia que ha sido incapaz de alcanzar. Seguimos teniendo una sed insaciable para aplacar la

cual no nos ha mostrado las fuentes cristalinas. Esta sed pertenece a la inmortalidad del Hombre. Es al mismo tiempo una consecuencia y una consecuencia de su perenne existencia. Es el deseo de la polilla por la estrella. No es ninguna mera apreciación de la Belleza que hay ante nosotros, sino un desaforado esfuerzo por alcanzar la Belleza que hay por encima. Inspirados por una extática presencia de las glorias de más allá de la tumba, luchamos, mediante multiformes combinaciones entre las cosas y pensamientos del Tiempo, por alcanzar una parte de ese Encanto cuyos mismos elementos, tal vez, pertenecen solamente a la Eternidad. (Edgar Allan Poe, 2001).

Ese anhelo es como una telaraña. Silencioso se esconde en lo más profundo del ser. El escritor de forma consciente o inconsciente se hace preguntas mientras va tejiendo el destino de su escritura, de ese arduo camino que se emprende arbitrariamente al escribir un cuento, una novela, un libro de poesía, un texto dramático, o, tal vez, un ensayo. No es fácil y quien escribe está atento. Así como un poeta se pregunta quién es él para decidir la existencia de un poema, del mismo modo un narrador podría preguntarse el porqué a un personaje le toca una vida y a otro personaje, otra. Así nace el vértigo en el escritor, la sombra que a veces escribe comienza a cuestionarse.

Aquel cuyo objetivo es la búsqueda de "algo superior" debe esperar algún día sufrir de vértigo.

¿Qué es vértigo? ¿miedo a caer? No, el vértigo es algo diferente, distinto a la caída. Es la voz del vacío detrás de nosotros que nos tienta y seduce, contra el cual nosotros, aterrorizados, nos defendemos. (Milan Kundera, 1985).

En ocasiones, el escritor suele guardar su texto en una gaveta por varios meses e incluso hasta años; hay episodios en los que él encuentra en su camino alguna ayuda sobre el proceso que debe emprender para dar a la luz lo escrito, pero, no siempre ocurre y sucede lo que muchas veces se ha oído decir: "es que el tiempo de este libro ya pasó", "ahora estoy en otra cosa". Expresiones por lo demás frustrantes, si se trata de un texto digno de publicación. Pero,

¿qué otro dilema sería mayor que aquél que impide a un escritor convertirse en autor? Debería hacerse esta pregunta con los distintos estados de ánimos. Responderla, implica tener gran parte de los obstáculos vencidos.

Algunos escritores no asumen la responsabilidad de publicar sus escritos y el autor se queda dentro de él esperando por años. Hay una melancolía que impide al escritor desprenderse de su creación, entonces, el manuscrito es echado a una suerte de olvido en la gaveta de algún escritorio, o, es enviado a una editorial con un perfil diferente al tema del libro.

¿Podré algún día ver mi libro publicado? Para eso tiene este libro entre sus manos, un libro que habla sobre sí mismo y acerca de su encuentro con el destino. Aún así, con su temor al vacío y a enfrentarse con unos lectores en su mayoría alimentados por el desconcierto.

De la carpintería del escritor

¿Cuándo y cómo sé que este manuscrito está listo?

¿Cuáles son los primeros pasos?

¿Podré algún día verlo publicado?

Cuando un escritor asume la decisión de publicar su libro es porque está consciente de cada palabra que escribió. Es lo ideal. No creo que exista, en nuestros días, el escritor ingenuo. Con tanta información en internet no hay nada que prive a un autor, para no tener junto a él toda la documentación sobre el tema que aborda en su obra.

Es ineludible saber sobre lo que se quiere escribir y en qué momento el texto puede alejarse de su fuente. Los formatos y los géneros se definen desde el principio. ¿De qué sirve una buena idea o tema cuando no tiene un piso, una estructura que lo sostenga? Cómo pensar entonces, en una publicación. Conocer el objetivo que se persigue y la manera como éste se alcanzará con la publicación es indispensable, sobre todo cuando publicar un libro es una inversión muy costosa que se traduce en un gasto no sólo financiero sino de tiempo y energía.

Publicar un libro es un acto comunicacional, se quiera o no. Los escritores, muchas veces, escriben para ellos, olvidándose de sus lectores. En este sentido, no se puede publicar sin pensar en el público con el que se quiere establecer diálogo. No es menos cierto, que el libro después de ser publicado busca el universo de lectores al cual quiere llegar. Siempre he creído que el libro tiene su propia independencia y autonomía en la elección de sus lectores, fortaleza

que le ha sido dada por el entusiasmo y la energía que le pone el escritor al momento de su creación.

El libro elige a su escritor y, por ende, a su autor. Lo responsabiliza de darle una posición en el mundo de las palabras. El alma del libro, se verá en capítulos posteriores, obliga al autor a darle un espacio, por eso es que la falta de estilo o, más aún, el empleo de estilos disfrazados, junto al uso excesivo de tecnicismos, párrafos mal estructurados, primacía de ideas secundarias sobre las primarias, repetición y redundancia, entre otros descuidos, auguran a la obra que está naciendo un futuro muy triste y, por consecuencia, todo el esfuerzo del libro en hallar una comunicación con sus lectores no será viable.

Conocer los vacíos sobre el tema y la autenticidad de lo que se está escribiendo es de suma importancia para lograr algo que trascienda. Esto se alcanzará de dos maneras, investigando a profundidad el tema y ver qué sentido tiene para un autor publicar algo desarrollado por otros. Segundo, escribir con honestidad. Dicho de otra manera, mientras más se parece uno a lo que escribe, más auténtico es lo creado.

La estructura de una publicación es importante para que los contenidos brillen, para que se interrelacionen entre sí, conformando un mundo particular y con autonomía, con sus propias leyes, para dar significado y facilitar la comunicación con el lector. Muchos buenos escritores han tenido un guión o esquema que les ha conferido articulación y coherencia, y con ello la estructura de la obra aunque se trate de algo tan condensado como un poema. A veces, pienso que detrás de un autor, objeto de reconocimientos y premios, hay un gran escritor, ese ser invisible que entrega su vida para concebir y darle forma al alma de un proyecto, aunque los dos sean una misma persona.

Cuando se decide publicar un manuscrito es porque el texto ha alcanzado una consciencia de lenguaje que nos dice que puede ser leído públicamente. No es suficiente estar conscientes de que el

manuscrito está listo, el autor necesita el apoyo de otras personas como lectores amigos y profesionales que validen la pretendida publicación.

La revisión conceptual del original o manuscrito por parte del autor, la lectura de un experto en el tema, las opiniones de amigos y conocidos, la corrección del manuscrito hecha por un corrector profesional despoja de velos a la esencia del libro. En este punto, el manuscrito ya tiene alma.

CAPÍTULO 2

P asos a seguir

Revisión del manuscrito u original por parte de su escritor. Antes de enviar el libro a cualquier editorial o hacer una edición de autor,esnecesariodejarlountiempoguardado,enreposo, respetando su gestación, para lograr distancia con él. Más tarde, el escritor volverá sobre su texto, deteniéndose el tiempo necesario en cada palabra, en cada párrafo o en cada capítulo.

Es obligatorio leer y corregir el manuscrito impecablemente, más allá de la lectura y revisión del corrector profesional. Toda obra literaria precisa una corrección exacta y puntual que embellezca su contenido. Es el trabajo de pulir lo escrito. Nadie tratará con más amor un texto que su propio autor, nadie lo entenderá de mejor manera. No sólo se debe sufrir al escribir un libro, hay que disfrutar el leerlo de nuevo y corregirlo, y darle la forma que soñamos para él. El autor debe completar su sueño y respetar su escritura para que otro pueda respetarla.

Lectura de un experto en el tema.

El escritor ha terminado de leer y revisar su libro, empieza a sentir dudas si realmente constituye un buen texto, o si tiene un tema capaz de atrapar al lector desde el comienzo hasta el final. La duda siempre es necesaria porque indica que el libro lo está cuestionando y exige un compromiso.

Es el momento de considerar encomendar la lectura del manuscrito a un especialista en el tema y en el género de la obra. Es precisa una revisión del fondo conceptual o del argumento, aunque sea un

texto de creación. Este trabajo hay que compensarlo económicamente por respeto al oficio del corrector conceptual o experto. Da tranquilidad saber cuál es el alcance del tema, cuáles los aciertos y desatinos, para corregir a tiempo cualquier error. El corrector o lector conceptual se sienta junto al escritor a trabajar. Se ha dado el caso en el que se cree que se está escribiendo algo no dicho antes y no es así porque el mercado está saturado de informaciones y enfoques sobre este tipo de contenido. En muchas ocasiones, las editoriales tienen un corrector conceptual, pero cuando el autor está asumiendo la edición, es obligatorio que encuentre él mismo su corrector.

Opiniones de amigos y conocidos.

El manuscrito debería ser leído por personas no relacionadas con el tema. Un lector no experto, sin información, dominio o conocimiento debe entender lo que está leyendo, aunque no lo comprenda del todo, pero la sintaxis tiene una lógica que hace comprensible aquello que desconocemos gracias al contexto cultural de cada lector. El mensaje del libro tiene que estar claro para quien lo lea, aún en los textos de creación donde hay lugar para una interpretación subjetiva por parte de cada lector. Hay un sentido que todos pueden apreciar si el texto está bien escrito. Basta recordar que una vez publicado, el libro estará disponible para diferentes universos de lectores.

Lectura de un corrector.

Antes de enviarse el manuscrito a una editorial o afrontar una edición de autor, se debe buscar una persona idónea para que revise y corrija. Es un trabajo que es recompensado económicamente. Mientras más limpio, correcto y terminado se envíe el libro a la editorial más cerca se estará de la aceptación y de la publicación de una obra impresa con pulcritud. Actualmente, muchos escritores, se preocupan muy poco por la estética y la corrección de sus manuscritos. Esto es producto de la desvalorización general que existe en torno al lenguaje y al habla. Las editoriales reciben actualmente manuscritos llenos de lugares comunes, con errores ortográficos y de estilo. Al respecto, Roberto

Zavala Ruiz (2008) en El libro y sus orillas afirma que si un autor se ha preocupado por escribir con todos sus conocimientos y ha revisado cada línea y cada frase asegurándose de que lo escrito corresponde a lo pensado, facilitará todo y permitirá ahorro de dinero y tiempo, al igual que evitará la frustración de que la obra sea señalada por fallas elementales.

Formato para presentar el original a una editorial

En este punto, el original ya está listo para iniciar el camino hacia la edición y publicación. Lo que sigue es su preparación en un formato estándar para enviarlo a una editorial o entregarlo al coordinador editorial o al profesional que se ha decidido acompañe el proceso del libro, para su evaluación.

Algunos de estos puntos pueden variar dependiendo de la editorial:

El manuscrito tiene que estar escrito en Word, libreoffice o procesador de textos similar, o cualquier otro que el editor requiera en formato específico.

Usar un interlineado doble en todo el texto, las páginas deben ajustarse al diseño convencional de márgenes de 4 x 3 x 3 x 3 centímetros en todos los lados de la hoja, para situar las marcas o correcciones.

Escribir en un punto o cuerpo de letra 12 ó 14, utilizando las familias tipográficas: Arial, Times New Roman o Garamond.

En la primera página del original se escribe el nombre del autor o los nombres, si son varios autores, y el título principal del libro y el subtítulo en caso de que lo lleve.

En hoja aparte del manuscrito, se presenta una pequeña biografía del autor o de los autores según las normas convencionales. No son recomendables comentarios frívolos ni humorísticos.

Lo establecido es escribir en cada página 25 líneas. Esto se llama cuartilla. El procesador de palabras, ajustará las páginas a 25 líneas si colocamos márgenes y fuentes con las especificaciones indicadas.

Las leyendas de cuadros, fotografías y figuras se citan en el mismo texto, para que el diagramador pueda ubicarlas lo más cerca posible del comentario en el texto, cuando se diagraman las páginas. En caso de que la publicación requiera incluir fotografías, ilustraciones, planos, mapas, tablas, gráficas, o material que supere el tamaño carta, deberá entregarse este tipo de material ya digitalizado en formato tif o jpg a una resolución no menor de de 300 dpi. No se utilizan imágenes tomadas de internet, porque casi siempre tienen baja resolución y por respeto a los derechos de autor.

Todas las páginas, sin excepción y salvo la primera que no se numera, deben numerarse consecutivamente, con un sistema lógico y consistente de numeración arábiga, incluyendo su índice completamente cotejado con el original. Esto evita cualquier inconveniente en el orden de las páginas.

Cuando el texto lleva capítulos, se colocan número y títulos a cada uno y se hace lo mismo con las secciones, números y títulos de capítulos, si el texto lo lleva. Los capítulos siempre deben empezar en una nueva página.

El original no debe presentar anotaciones manuscritas.

Se imprime el manuscrito en papel bond blanco de 90 gramos. La hoja es una unidad de papel blanco, sus dos caras son el anverso y el reverso. No se imprime en hojas de colores.

Se imprime solamente de un lado del papel, en la página anverso. Se denomina página a la cara o envés de una hoja.

No se escriben instrucciones en el reverso. Es preferible insertar una página nueva y numerarla.

No se entregan textos empastados por la dificultad que presentan al momento de las revisiones. La encuadernación debe ser sencilla y sobria.

Entregar una versión digital que permita presentar la obra de forma electrónica a través de CD o pendrive. Lo recomendable es utilizar Word o realizar un PDF, que sea compatible con cualquier lector electrónico. Esto facilitará el envío por correo electrónico y, sobre todo, la diagramación e impresión.

El peregrino y la rueda de la fortuna

El original ya está preparado, ¿y entonces?

¿Cuáles son las opciones editoriales?

Muchas personas afrontan dificultades para publicar un libro. Entre ensayo y error, e ignorando los pasos y a quién acudir para que los guíen, caen en manos de personas inescrupulosas o ignorantes del oficio. A veces, hay quienes hacen creer a sus clientes que imprimen numerosos ejemplares, cuando en realidad sólo producen los que entregan al autor y éste se queda con una edición fantasma que nunca circula. El autor acaba engañado, estafado o gastando el doble del presupuesto de lo que realmente le costaría. Queda descontento y frustrado al tener un libro impreso que no le gusta o que no existe realmente.

Si el autor desea coordinar la publicación de su libro debe saber que en el proceso editorial existe una serie de pasos, y en cada uno de ellos interviene un profesional que asegura el término correcto de cada etapa. No es necesario que el autor sea diseñador, diagramador ni editor ni mucho menos impresor. Por el contrario, lo sensato es saber a quién dirigirse en cada etapa. Más adelante, hago una aproximación a las competencias de lo que es llamado los oficios editoriales, y esto permitirá al autor valorar la inversión de los recursos y darle el uso justo.

Cuando el autor está pagando su edición e impresión, como ocurre actualmente en la mayoría de los casos, debería exigir un trato profesional, respetuoso, y estar atento y vigilante de cada una de las

fases por las que atravesará su libro. Revisar bien los contratos que se realicen con las editoriales, coordinadores y distribuidoras antes de firmarlo, forma parte de esa vigilia.

Por último, encontrar una institución que financie la publicación de un autor novel, no es tarea fácil, sobre todo cuando no se tiene reconocimientos de sus pares o de profesionales del área o presencia en los medios.

En las próximas páginas se muestran algunas opciones editoriales que ofrece el mercado. Unas más conocidas que otras, quizás el registro sea más extenso del presentado, pero no se trata de un inventario, sino más bien de una clasificación general que se ha hecho buscando dar claridad a un autor que pueda preguntarse a dónde acudir luego de terminar de escribir su libro.

Opciones editoriales

Concursos literarios nacionales e internacionales.

En los concursos literarios, además del premio en metálico, se le promete a los ganadores y finalistas la oportunidad de publicar el libro premiado. Estar bien informado de las bases del concurso evitará confusiones innecesarias, porque algunos concursos sólo ofrecen el reconocimiento que implica obtener el galardón.

Editoriales comerciales convencionales.

Son las más atractivas para los autores, pues pagan derecho de autor y tienen una buena red de distribución. Cuando se trata de libros de literatura, en cualquiera de sus géneros, las cosas tienden a ponerse difíciles, ya que existe la concepción o el prejuicio de que no son rentables. En ocasiones, apuestan por un autor del mundo de la literatura de reconocida trayectoria, para buscar prestigio con esa firma, pero desde el principio asumen que con esa publicación las ganancias serán mínimas. Estas editoriales formalizan un contrato con el autor, se hacen cargo de todos los gastos de la edición, contemplan un número considerable de ejemplares impresos de la obra, realizan la promoción y distribución del libro publicado y asignan un porcentaje de ganancias para el autor que oscila entre el 10 y el 20%, por ejemplar vendido sobre el PVP (precio de venta al público). Los autores noveles no tienen espacio en estas editoriales, salvo en contadas excepciones. Hay casos en los que se crean colecciones apartes para ellos.

Editoriales del Estado.

Generalmente, estas editoriales publican todo tipo de libros. Los de literatura son los de mayor alcance. Tienen su propio proceso de selección y evaluación de los manuscritos y además tienen red de distribución. Las regalías de los derechos de autor dependen de la política de cada editorial.

Editorial de autogestión.

Con el pasar de los años, los autores lejos de querer encabezar la lista de espera que ofrecen las grandes editoriales, prefieren enviar sus manuscritos a otras más pequeñas donde puedan autofinanciar la publicación de sus textos. Las editoriales, llamadas de autogestión, ofrecen al autor el respaldo de su nombre y de su catálogo junto con la producción de la edición. Éstas cada vez son menos, algunas han sido asimiladas por las grandes; otras no han podido sobrevivir la inestabilidad económica. Aún así, son una opción importante para los escritores noveles y consagrados.

En Venezuela, las editoriales de autogestión surgieron, en su mayoría, bajo el patrocinio del Estado, luego comenzaron a recibir aportes financieros de diferentes empresas que decidieron incluir estos gastos dentro de su responsabilidad social obligatoria (gran parte de estas empresas están creando su propio fondo editorial). Con el tiempo, las editoriales de autogestión, dejaron de recibir el apoyo financiero de otrora y, a cambio, cada día es mayor la demanda de los autores. Como consecuencia, todo aquel que desee publicar y tiene la suerte de conseguir una editorial de autogestión en su camino tendrá que asumir una parte de los costos y la editorial, otros gastos.

Recomiendo que sean cuidadosos al momento de elegir este tipo de editorial, porque la modalidad de su trabajo no es la misma en todas, ya que cada editorial de autogestión tiene sus propias políticas editoriales:

Algunas seleccionan sus publicaciones de acuerdo a criterios de exigencia altos; pues impera, más que el aporte del autor por la

publicación, el contenido del manuscrito propuesto. Publican un promedio de no más de ocho libros al año.

Otras publican todo tipo de material, sin ningún tipo de discernimiento. El autor tiene que estar consciente que la corrección de los textos queda bajo su responsabilidad.

Hay otras que sólo publican a sus amigos y a sus allegados, creando un universo cerrado donde no tienen cabida autores con talento o con obra de calidad. Lo mejor es informarse muy bien para no exponer la obra a un rechazo producto de criterios extraliterarios o extra editoriales.

Una vez que el autor encuentra la editorial con la que quiere publicar, tiene que sentarse con el editor y revisar el presupuesto que le están presentando. El presupuesto debe incluir los servicios de producción (corrección, diagramación, diseño, aspectos legales), impresión y en algunos casos, los costos de distribución. El autor tiene que asesorarse, y averiguar cuáles son los precios reales en el mercado para luego comparar con lo que le están ofreciendo. Por ello, es prioritario, que conozca los pasos de la producción de un libro.

Fondo editorial de instituciones o fundaciones culturales públicas y privadas.

Surgen de la necesidad que tienen las instituciones, organizaciones, asociaciones y fundaciones públicas y privadas de publicar en formato libro sus actividades y de este modo dejar registro. Sin embargo, con el tiempo han abierto sus puertas a proyectos externos. A veces, optan por ediciones de lujo y difunden aspectos culturales. Algunas no tienen los libros a la venta.

Fondo editorial de empresas comerciales y entidades financieras públicas y del Estado.

Estas empresas y entidades bancarias más allá de patrocinar las publicaciones de editoriales de autogestión o de ciertos autores, han creado sus propios fondos editoriales. Trabajan por proyectos,

acordes a su modelo de negocio o a la orientación de su responsabilidad social.

Fondo editorial de universidades.

Las universidades tienen una oficina o dirección de publicaciones donde producen e imprimen los textos que generan sus proyectos de investigación y demás actividades académicas o de extensión. Por concurso, también, publican libros de autores premiados y en algunas publicaciones tienen entrada autores no involucrados con el medio universitario. Naturalmente, dan preferencia al personal de su institución.

Edición de autor.

Muchos autores, cansados de esperar la respuesta de editoriales convencionales o ante la negativa de publicación, o porque no están de acuerdo con las políticas editoriales predominantes, deciden llevar a cabo una edición de autor. En estos casos el autor tendría que someter su libro a la lectura de un experto. Luego de aprobada esta lectura recomiendo el acompañamiento y la guía de un coordinador editorial para que lo asesore al momento de solicitar los servicios de cada uno de los profesionales involucrados en el proceso de edición y producción. El presupuesto suele ser costoso, pero es lo que debe hacerse, ya que ningún autor debería asumir la realización editorial de su libro, sobre todo cuando es inexperto en este campo. Los noveles escritores tienen que estar alerta ante la presencia de personas inescrupulosas, que puedan lucrarse ante la ilusión de los que están ansiosos por ver sus obras publicadas. Muchas veces, se publica en edición de autor porque se desea tener control de todo el proceso editorial y estar al margen de los circuitos comerciales.

Edición artesanal.

El editor o el autor buscan darle una particularidad a cada libro. Utilizan procedimientos rudimentarios con un fin estético. Siempre son ediciones de escasos tiraje.

Autopublicación o publicación digital.

Consiste en la promoción, difusión, distribución y venta de libros utilizando exclusivamente las nuevas tecnologías de información que se encuentran en la red. El término autopublicación ha sido extendido a la edición en papel, tal vez sea, porque el texto tiene que enviarse corregido, editado y diagramado, pues estos espacios no realizan este tipo de trabajo. Hay muchas formas de publicar un texto digitalizado e incluso cada una de las opciones y formatos tienen varias modalidades. La tecnología constantemente está cambiando y cada uno de los procedimientos que se usan son distintos.

Actualmente, hay un boom con esta forma de publicación porque se considera que rompe el cerco de las editoriales comerciales o de las grandes casas editoriales, pero los sitios que promueven este tipo de edición tienen también intereses comerciales y monetarios, aun cuando ofrezcan el libro de forma gratuita y el autor, en algunos casos, no pague nada.

Autoedición.

El autor realiza una o todas las actividades de producción (corrige, diseña y diagrama) e impresión de su libro en papel con el apoyo de herramientas de software y dispositivos tecnológicos. Este trabajo lo puede hacer directamente desde una computadora en su casa, sin ningún tipo de apoyo profesional. No recomiendo este tipo de edición, porque muchas veces la falta de conocimiento da espacio a la improvisación y a errores involuntarios graves.

DOS

La suma de los oficios

La coordinación editorial

"Editar el tipo de libro que a uno le gusta" puede ser el mayor consejo que puede darse a cualquiera que aspire a hacer carrera como editor. No hay forma más segura de ser feliz en esta profesión.

Leslie T. Sharpe e Irene

Günther

Editar es un doloroso acto de autodisciplina, adivinación del pensamiento y limpieza de caballeriza. Si parece placentero, probablemente algo ande mal.

Arthur Plotnik

El libro en el centro del mundo

¿Se dan abasto las editoriales?

¿Puedo crear mi propia editorial?

Editar y publicar un libro es la coordinación de procesos y operaciones (edición, producción, reproducción, distribución, promoción y difusión) realizados por expertos de diferentes disciplinas para transformar un texto en un número variable de impresos y llevarlo a los lectores.

Desde la era moderna, los autores han luchado por ser publicados en las editoriales con mayor prestigio y credibilidad en su lengua. Cuando el editor recibe el manuscrito, un "consejo editorial" lo revisa, evalúa, y luego de un tiempo de espera, responde al autor si el libro es o no publicable. Los motivos por los cuales un libro es rechazado pueden ser numerosos y variados, mucho más allá de la demanda que tengan que atender. La empresa se reserva el análisis de factibilidad editorial, cada una tiene criterios y consideraciones diferentes acerca de lo que publica.

Para quien somete su manuscrito a la evaluación de las casas editoras, le resulta verdaderamente agobiante la dinámica del mundo editorial, y sufre un desgaste por la ansiedad de esperar no sólo meses sino, como en ocasiones ha ocurrido, años de incertidumbre y paralización, pues no tiene idea de cuál será el resultado de todo esto. Durante esta fase, recomiendo que el autor haga una solicitud de acuse de recibo y pasado un tiempo razonable se asegure de que la respuesta aún no le ha sido enviada. Además debería estar consciente de que no sólo es dejar su texto en la editorial sino que es imperativo cerciorarse de que éste ha llegado a las manos de la persona correcta.

Son comprensibles las demoras de las editoriales ya que cada día las oficinas de los editores reciben más y más solicitudes de publicación. Por más que ése sea su ánimo, éstas parecieran no darse abasto para absorber la oferta de nuevos contenidos. Inevitablemente, son muchos los textos que terminan en una pila de papeles no solicitados (slush pile) cuyo destino, en el mejor caso, es convertirse en papel reciclado.

Es conveniente que los autores, antes de enviar sus manuscritos a la editorial, entreguen un resumen del libro si son textos de creación como novela, cuentos, poesía, dramaturgia y ensayo (se recomienda incluir fragmentos de los mismos o una muestra de varios poemas). También deben anexar una breve bibiobli-ografía y datos de contacto, para que los editores, si están interesados, le respondan o llamen solicitándole el manuscrito o informándolo sobre su destino.

Frente la creciente demanda de espacios de publi-cación, muchos entusiastas afirman que la solución es crear más editoriales, lo que ha traído como conse-cuencia un aumento pero no un crecimiento del mundo editorial. Antes de dar un paso como éste, es necesario considerar la responsabilidad que significa asumir este compromiso. Para emprender un proyecto editorial no es suficiente aspirar a publicar libros de calidad. Es indispensable tener un deseo interior que movilice e impulse tal acto. Dedicarse a la edición de libros es elegir una nueva forma de vivir. Lo difícil no es crear una editorial, que básicamente es un procedimiento legal nada difícil. Con la ayuda de un buen abogado no será un acto engorroso. La dificultad podría más bien consistir en concientizar que el editor nace y se hace, porque para ser un buen editor no es suficiente tener el anhelo de publicar sino la voluntad para trabajar con dedicación y la generosidad para apostar por el trabajo del otro, más allá de ser una oportunidad de prestigio o reconocimiento.

Ser editor es hallar una vocación de servicio, en un oficio al que uno se dedicará toda la vida. Se comienza a pensar y vivir en función de los libros. Crear una editorial, no hace editor a nadie, aunque legalmente reciba esa designación. A un editor lo hace el riesgo, el esfuerzo, la disciplina, la constancia y la entrega y los años de aprendizaje. Una formación universitaria que aporte herramientas profesionales, no enviste a alguien de esta categoría. Sus elecciones serán las que verdaderamente lo hagan editor.

Preocupa porque en estos tiempos donde todo el mundo hace de todo, son muchos los que se están dedicando a la tarea de publicar libros sin tener al menos la mínima experiencia. Y, de seguro, siempre fue así, pensarán algunos, porque los grandes editores cuando decidieron crear una editorial ni siquiera imaginaron en lo que se estaban metiendo. Fue el tiempo y el trabajo duro lo que hicieron de ellos unos profesionales de la edición. El trabajo editorial, hasta hace unas pocas décadas, se aprendía no en las universidades sino en el día a día de los talleres gráficos y de impresión. También, está el caso de editoriales, creadas por escritores decididos a publicar sus propios libros y que con el tiempo terminaron publicando a los amigos, a los autores cercanos, y así fueron creciendo hasta tener un catálogo.

Madre y padre al mismo tiempo

He decidido hacer una edición de autor.

¿Quién me acompañará en este proceso?

Detodaslasopcioneseditorialesqueofreceelmercado,la edición de autor se ha venido mostrando con un mayor énfasis y con más atractivo en este siglo. Esta modalidad no es nueva, pues siempre se ha sabido que los autores en su afán y deseo de ver sus obras publicadas han asumido el riesgo de publicar por ellos mismos, lejos del sometimiento de los requerimientos y

evaluaciones de los circuitos editoriales.

Cuando se decide hacer una edición de autor, se comienza un peregrinaje. Indagando cómo hallar el modo de publicar por sí mismo. Sin ningún tipo de conocimientos, se transita a tientas, a la deriva. El autor va recibiendo consejos e informaciones que irá descartando por ensayo y error, hasta caer en cuenta de que no puede solo con el proyecto.

Para publicar una edición de autor hay que tener habilidades y conocimientos, que no sólo lleva años aprender sino que sin duda no todos los autores poseen. Es una temeridad e irresponsabilidad editar un libro sin la ayuda de profesionales, cuando no se tiene experiencia en el campo. Para hacerlo, no sólo bastan los recursos económicos, es indispensable asesorarse, buscar y conformar un equipo de trabajo que acompañe y guíe la edición del libro antes de ir a imprenta.

El autor tiene que estar atento porque pareciera que el oficio de hacer libros ya no es exclusivo de los profesionales del mundo

editorial. Estudiantes y aficionados desde sus casas, sin conocimiento del trabajo editorial, armados de softwares bajados de internet, ofrecen sus servicios de edición a escritores que están buscando cómo publicar. No es aconsejable la autoedición o el trabajo de edición bajo la modalidad arriba mencionada.

Por otra parte, algunas personas suelen autodenominarse "correctores" y "diagramadores" y, en realidad, no lo son. Cuando los autores contratan a estas personas tienen como resultado la publicación de trabajos con muy poca rigurosidad y con descuido en el trabajo con las formas y contenidos. Esto ha sometido a los autores a gastos interminables, porque a veces para corregir o diagramar sus libros tienen que contratar a varias personas para hacer el mismo oficio, ya que el resultado final no ha sido lo esperado. No son pocos los que pueden testimoniar el retiro de malas ediciones y la reinversión de recursos, en el mejor escenario, y en el peor, el abandono del proyecto y la frustración.

Jorge De Buen Unna escribe sobre lo excepcional que es en esta época, encontrar un libro bien editado. Son muchos los factores que contribuyen para lograr un trabajo editorial limpio:

un virus se ha colado hasta el cogollo mismo de la industria editorial: el oficio de hacer libros ha dejado de ser cosa de iniciados, pues, algunos estudiantes y aficionados, con sus computadoras caseras, son los actuales diseñadores editoriales. Resultado de esto es una inadmisible cantidad de basura.

El autor prevenido y con estas advertencias, con paciencia se informará bien. Reconocerá que no es su pertinencia aprender los oficios editoriales. Necesitará, por el contrario, de un equipo que maneje cada uno de los pasos de la publicación (corrección,

diagramación, diseño, reproducción, etcétera). Puede pasar que ignore cómo hallar las personas idóneas y, la mayoría de las veces, carece de criterios para evaluar sus competencias. Finalmente, puede que no sepa cómo dirigir de manera armónica todo el equipo que contratará para publicar su proyecto. Es en este punto, que sería relevante introducir la figura del coordinador editorial.

Los oficios reunidos

¿Qué es la coordinación editorial? Coordinador - productor

La coordinación editorial es una actividad gerencial que conlleva un conjunto de tareas operativas que se realizan al contratar, asignar, evaluar y supervisar a quienes intervienen en la edición y publicación de un libro. Es una labor minuciosa, detallista y compleja que requiere pasión por este oficio. La edición y publicación de libros no es tarea del autor, aunque hay excepciones, como es el caso de quien escribe estas páginas. Pocas veces pueden unirse dos anhelos. Lo que se aspira es crear una narrativa de la edición desde la experiencia de escribir y editar como un acto amoroso. Ya los lectores dirán si ha valido la pena esta vigilia.

El coordinador editorial desarrolla y hace seguimiento a los proyectos editoriales. No es su competencia realizar el trabajo de corrector ni de diseñador ni de diagramador u otros, sino supervisar a quienes están involucrados en la consecución del libro; ser un enlace entre ellos y el autor. La incorporación de los profesionales en el proyecto va a depender de las características del libro que se está editando.

Cuando un autor contrata los servicios de un coordinador editorial, le entrega el manuscrito para que lo revise, lea, evalúe y, luego, le presente un informe. Éste dará una respuesta si acepta o no trabajar en el proyecto. En caso de que ambas partes decidan seguir adelante, el coordinador presentará un presupuesto que incluya sus honorarios y el de los profesionales que le acompañen, así como el de los proveedores. Luego, presentará al autor un esquema donde

desglose sus actividades dentro del proyecto: evaluación del manuscrito, selección de los profesionales (según las características del texto), solicitud de presupuestos, registro de la obra ante las instancias legales, (Biblioteca Nacional, CENAL y SAPI, en el caso de Venezuela), supervisión de los trabajos de los profesionales convocados, escogencia de la imprenta, promoción del libro (plan de medios y diseño de logística de bautizo o presentación), distribución (seleccionar el distribuidor y contactarlo con el autor).

No es común hablar de coordinador editorial como un profesional independiente, pues siempre lo hemos visto sentado detrás de un escritorio en las editoriales. Es un oficio que apenas comienza a perfilarse en el medio del modo como lo describo. En Venezuela, aparece el productor editorial en los créditos de la página legal de algunos libros. El trabajo del productor editorial, comúnmente lo ejercen diseñadores editoriales quienes además de hacer el diseño conceptual y la diagramación, guían a los autores acerca de cómo entregar el arte final en la imprenta, y allí termina su trabajo. Los autores luego se ocuparán de retirar su publicación de la imprenta, de preparar el lanzamiento o presentación, de distribuir los libros, de hacerle la promoción y difusión, de atender todo lo relacionado con la etapa que se llama posproducción.

El oficio del coordinador editorial abarca más tareas. Acompaña al autor desde el momento en que termina de escribir el texto hasta que, transformado en libro, llega a las librerías.

Autores, empresas, universidades, organizaciones, instituciones, fundaciones, entidades bancarias entre muchas otras, han comenzado a contratar los servicios del coordinador editorial para desarrollar y ejecutar sus proyectos editoriales. Esta modalidad de trabajo por proyecto abarata costos y no exige la creación de una editorial con un equipo de trabajo fijo que hará más onerosa la publicación de los libros. Por su nivel de responsabilidad y exigencia, este oficio es y debe ser bien remunerado y reconocido.

CAPÍTULO 3

Perfil del coordinador editorial

Profesional universitario. Gerente de la edición.

Excelente lector. Investigador.

Ha adquirido experiencia a partir de la práctica y la pasión por los libros.

Ha sido formado dentro de una empresa editorial. En muchos casos trabaja o trabajó en una editorial. Por lo tanto, conoce bien cada uno de los pasos de la producción editorial.

Tiene conocimientos del campo editorial en todas sus complejidades y ramas: universitarios, de ficción, infantiles, escolares, de referencias, no ficción, ediciones masivas, de literatura de calidad, científico y técnico. No tiene que ser especialista en todas estas áreas, pero debe elegir en cuál tiene mayor destreza y trabajar en ella.

Preferiblemente, posee conocimientos básicos de varios idiomas. Poseenocionesdelmanejodepresupuestosyaspectos administrativos.

Es curioso.

Demuestra manejo de relaciones sociales y de la diplomacia. Sabe escuchar los requerimientos e inquietudes del autor.

Capacidad para concentrarse. Es proactivo.

Trabaja en equipo y bajo presión.

Asigna tareas y hace seguimiento de las mismas. Sabe delegar funciones.

Actualizado con todo lo relacionado con la materia de derecho de autor.

Está al día de las novedades editoriales del mercado.

Esusuarioaltantodetodoslosavancesdeinformáticosy tecnológicos.

Consideraciones acerca del rol del coordinador editorial

Cuando el coordinador acepta trabajar en el proyecto acompañando al autor, lo primero que hace es fijar sus honorarios. Estos dependerán de la experiencia y reconocimiento en su área. Si el autor está conforme, se realiza entre ambos un contrato de trabajo, donde se especifican las características de la publicación y, sobre todo, los tiempos o lapsos a cumplir en cada etapa.

Lee el manuscrito para saber qué es lo que va a coordinar.

Después realiza un presupuesto general de la obra donde incluye los honorarios o costos del equipo profesional y los proveedores, según las características y género del material. Le entrega al autor el presupuesto final de la edición y de la impresión.

Antes de aceptar la propuesta de coordinar la edición y publicación de un libro, analizará varios aspectos del original inédito o no que le están entregando. El coordinador exige al autor que le entregue el texto con el mismo formato de presentación para una editorial.

Una vez que comienza su coordinación realiza las siguientes operaciones:

Contrata el equipo de trabajo de edición y producción para el seguimiento del proyecto.

Entrega el libro a un corrector.

Supervisa que el autor trabaje conjuntamente con el corrector.

Se encarga de solicitar el depósito legal, ISBN, código de barras, en las instancias competentes.

Selecciona la imprenta según las características de la obra.

Escoge junto con el autor, el curador, y el diseñador las ilustraciones y demás gráficos del libro.

Supervisa cada una de las propuestas de diseño del libro y sugiere, a su parecer y según su experiencia, la más adecuada.

Elabora y reúne el material que acompaña al manuscrito para su diseño y diagramación: textos de la tapa, contratapa, biografía del autor, páginas preliminares y finales.

Recomienda nota de presentación, prólogo, prefacio, introducción, de ser necesarios.

Revisa junto con el corrector ortotipográfico, las pruebas del texto.

Supervisa que el libro diseñado y diagramado tenga todos sus componentes y esté listo para entrar a imprenta.

Verificaqueelimpresortengaclaratodalainformaciónque suministra el diseñador editorial.

Vigila la calidad de los procesos de impresión. Precisa los tiempos de impresión.

Coordina junto a un comunicador social la promoción y difusión del libro.

Establece un enlace entre el distribuidor y el autor.

Profesionales de la edición y la publicación

La elección de los profesionales depende de las características y géneros de cada uno de los proyectos editoriales. Estos profesionales no sólo trabajan en las casas editoras, sino que también lo hacen de modo independiente:

Autor

Coordinador Editorial Curador

Traductor Correctores Diseñador editorial Ilustrador Fotógrafo Infógrafo Cartógrafo Documentalistas Bibliotecólogo Impresor

Hay que considerar a quienes intervienen después de la publicación del libro:

Distribuidor

Periodistas y publicistas Libreros

Lectores Críticos Bibliotecólogos Bibliógrafos

Perfil del corrector

Licenciadoenletras,filologíaocarrerasafines.Aunqueha y correctores excelentes que son de otras carreras universitarias.

Lector voraz y especializado. Ojo de corrector.

Conocedor y usuario de los diferentes tipos de correcciones: de contenido, de estilo y ortotipográfica.

Excelente usuario del habla oral y escrita según la norma culta de la lengua en la cual trabaje.

Conocimientos de sintaxis, estilo, gramática y del uso del lenguaje en general, tanto del actual como de los diferentes registros discursivos de épocas anteriores.

Amplios conocimientos de los idiomas en general.

Extensa cultura y familiaridad con los diferentes conocimientos y saberes.

Ética profesional, compromiso y responsabilidad con el idioma. Detallista en extremo.

Flexibilidad para trabajar bajo presión y para interactuar con los autores.

Manejo de herramientas ofimáticas. Respetuoso de la intención del autor en el texto. Conciencia de los límites de la corrección.

Con amplios conocimientos del mundo digital.

Perfil del diseñador gráfico editorial

Tiene estudios de nivel técnico superior o licenciado en diseño gráfico editorial.

Creativo e innovador, meticuloso. Es un apasionado del diseño.

Tieneexcelentesrelacionesconloseditores,coordinadores editoriales y demás profesionales y artistas del medio.

Diseña,proyectayprogramaaquelloqueposteriormente transformará en una imagen.

Posee experiencia en el diseño de portadas, diagramación y maquetación de libros, revistas, periódicos, folletos, flyer, catálogos, gacetas, informes anuales y programas culturales.

Expresa de forma clara el objetivo de sus diseños.

Es flexible para trabajar en varios proyectos editoriales.

Domina y aplica la metodología de forma sistemática y coherente.

Explora las posibilidades que se derivan de su metodología de trabajo.

Manejadiferentesherramientasinformáticasdediseñoysus aplicaciones.

Dominio instrumental del inglés. Trabaja bajo presión.

Utiliza calendarios y respeta los plazos de entrega.

Posee las herramientas y conocimientos para trabajar en el campo digital.

Flexibilidad y sensibilidad para armonizar su trabajo con la intención del autor o con la estética que propone el libro.

Buen oyente de los requerimientos del cliente.

Aspectos legales de la edición de un libro

¿Cuáles son los permisos que necesito?

¿Qué debo saber sobre los aspectos legales de una edición?

Para la edición y publicación de un libro, es obligatorio para todos los involucrados en el proyecto manejar nociones básicas acerca de derecho de autor y, en el caso de que sea el autor quien asuma la coordinación editorial, estar al tanto de los permisos legales necesarios. Desconocer estos detalles puede arruinar el libro, imposibilitar su distribución y comercialización, o colocarlo en el plano de la ilegalidad.

El derecho de autor es una rama o especialidad del derecho. No es competencia de este libro ahondar en estos aspectos por lo amplio y complejo del tema; pero sí es importante tener referencia acerca de cuestiones básicas que servirán para negociar un contrato de publicación con una editorial.

Es necesario destacar que una de las áreas más atropelladas y maltratadas en todo el mundo es el derecho que el autor tiene sobre su obra. Sólo a finales del siglo XX se logró legislar de manera eficiente sobre este aspecto. Sin embargo, el autor debe estar atento a todo aquello que firme en relación a su obra, pues por afán de publicar podría renunciar a sus derechos patrimoniales como autor, derechos que son transferibles a sus descendientes.

El autor tiene derechos sobre su obra (literaria, artística o científica) por el hecho de haberla creado. En Venezuela, para la fecha de publicación de este libro, todo lo relacionado con esta materia está regulado por la Ley sobre el Derecho de autor (LDA) publicada en Gaceta Oficial N° 4638 de fecha 01 de octubre de 1993 y por el Reglamento de la Ley Sobre El Derecho de Autor y de la Decisión

351 del Acuerdo de Cartagena que contiene el Régimen Común Sobre Derecho de Autor y Derechos Conexos, publicado en la gaceta oficial N° 5155 de fecha de 09 de septiembre de 1997. En La Ley Sobre El Derecho de

Autor se establecen las disposiciones necesarias para proteger el derecho que el autor tiene sobre su obra:

Artículo 1°.-Las disposiciones de esta Ley protegen los derechos de los autores sobre las obras de ingenio de carácter creador, ya sea de índole literaria, científica o artística, cualesquiera sea su género, forma de expresión, mérito o destino.

Los derechos reconocidos en esta Ley son independientes de la propiedad del objeto material en el cual esté incorporada la obra y no están sometidos al cumplimiento de ninguna formalidad.

Los derechos que el autor posee sobre su creación comprenden a su vez los derechos morales y los derechos patrimoniales.

Los derechos morales se refieren a los lazos que unen al autor con su obra, incluyen:

Derecho de paternidad: el autor de la obra siempre debe ser reconocido como tal.

Derecho de divulgación: el autor puede decidir si publica o no su obra y bajo qué forma.

Derecho de integridad: el autor de la obra puede oponerse a cualquier mutilación, distorsión, o cualquier modificación de la obra.

Derecho de revelación: el autor puede decidir si publica la obra con su nombre, con un seudónimo o de forma anónima y no por esto renuncia a la autoría de la obra.

Derecho a arrepentimiento: el autor pude decidir retirar la obra del medio o modificarla.

Estos derechos no tienen una base económica y como lo indica la ley venezolana sobre El Derecho de Autor, son inalienables, inembargables, irrenunciables e imprescindibles.

Los derechos patrimoniales se refieren al derecho que tiene el autor de la obra a consentir o no a la reproducción, distribución de ejemplares, interpretación o ejecución pública, radiodifusión y comunicación por otros métodos, incluyendo traducción y adaptación de la obra. Estos derechos de reproducción permiten que el titular obtenga una remuneración económica por el uso de su obra por terceros.

Cuando se firma un contrato con una editorial que está interesada en publicar un libro, consentimos con la reproducción de la obra y distribución de ejemplares, pero se debe tener claro que existen parámetros mínimos que establece la Ley sobre el Derecho de Autor. Hay que manejar estos aspectos para que los derechos como autores no se vean afectados. En relación a los que se refieren a las obligaciones del editor, hay que revisar: incluir en el contrato el número mínimo de ejemplares que conformarán la primera edición.

(No incluye los ejemplares que por ley o por disposición del contrato serán entregados de forma gratuita).

El autor tiene el derecho de hacer las correcciones o modificaciones a la obra, mientras ésta no haya sido publicada, pero estas modificaciones no pueden alterar el carácter original de la obra. En la ley se hace referencia a que el autor debe correr con los gastos ocasionados por corrección si éstas superan las establecidas por el uso. En el mundo editorial se estila de tres a cuatro correcciones y estas modificaciones no pueden alterar la intención del autor.

El editor no puede hacer ninguna modificación a la obra sin la autorización escrita del autor, con excepción de las modificaciones por errores de transcripción u ortográficos no colocados deliberadamente.

Si en el contrato se establece una remuneración proporcional, el autor debe pedir al editor, por lo menos anualmente, un estado de cuenta.

Los contratos con una duración determinada establecen que los derechos del editor se terminan al vencimiento del contrato. Se sugiere no firmarlos con una duración indefinida o excesiva.

Es indispensable revisar el capítulo II, Sección segunda, Del Contrato Editorial de la Ley sobre el Derecho de Autor.

Los autores tienen que conocer las instituciones y organismos que existen en Venezuela para ayudar en la protección de su obra y el cobro de las regalías productos de la explotación (venta).

Estas instituciones son:

SAPI (Servicio Autónomo de Propiedad Intelectual), organismo adscrito al   Ministerio del Poder Popular para el Comercio y, como se indica en su portal web, "ejerce la competencia que sobre Propiedad Intelectual le corresponde al Estado Venezolano en

Materia de Derechos de Autor, Marcas y Patente". El SAPI tiene dos direcciones que gestionan todo lo relativo a la Propiedad Intelectual: La Dirección de Propiedad Industrial y La Dirección de Derecho de Autor, en esta última funciona el Registro de Propiedad Intelectual ante el cual podrán inscribirse todas las obras del ingenio según lo indica la Ley sobre el Derecho de Autor:

Artículo 104: El Registro dará fe, salvo prueba en contrario, de la existencia de la obra, producto o producción y del hecho de su divulgación o publicación. Se presume, salvo prueba en contrario, que las personas indicadas en el registro son los titulares del derecho que se les atribuye en tal carácter.

SACVEN (Sociedad de Autores y Compositores de Venezuela) es la institución encargada de gestión de los derechos patrimoniales de los autores. Ésta es una Sociedad de gestión colectiva que tiene como objetivo defender los derechos patrimoniales de los autores asociados o representados. SACVEN tiene una autorización del Estado Venezolano para su funcionamiento.

El Depósito Legal y el ISBN son los permisos legales que se deben tramitar y su inclusión es obligatoria en un lugar visible y destacado en la página de créditos del libro.

El Depósito Legal: "es la obligación de ejemplares o copias de obras en el Instituto Autónomo de Biblioteca Nacional" (ente adscrito al Ministerio del Poder Popular para la Cultura) que deben ser consignados como prueba de la existencia de la obra. Esta obligación se refiere a las obras editadas y distribuidas en el país. Todo lo relacionado con esta obligación está estipulado en la Ley de Depósito Legal. El proceso de gestión de este depósito se puede

consultar en la página web de la Biblioteca Nacional de Venezuela que asigna un número a los ejemplares consignados, el cual debe ser incluido en el libro. El autor recibe un documento de parte de la Oficina de Depósito Legal que viene a ser algo así como la partida de nacimiento del libro.

ISBN (International Standard Book Number) es un número de diez cifras que sirve para identificar cada libro de manera universal, con características semejantes. Ayuda a la comercialización nacional e internacional (el ISBN se emplea en casi todos los países) del libro y al control de los inventarios de manera más eficiente en librerías, bibliotecas, universidades, distribuidores y comerciantes al por mayor. En Venezuela, el ISBN se tramita ante el CENAL (Centro Nacional del Libro) ente adscrito al   Ministerio del Poder Popular para la Cultura. Una vez obtenido debe ser impreso en la contratapa del libro, encima del código de barras y en la página de los créditos.

Profesionalización del oficio

¿Dónde se estudia para editar libros?

El mundo editorial, no sólo en Venezuela, sino prácticamente en todas las regiones, hasta hace muy pocas décadas carecía de estudios académicos y sistemáticos. Estos expertos se formaban de manera autodidacta, luego de años de trabajo en el oficio. Fue en el siglo pasado, a partir de la década de los setenta cuando comienzan a publicarse libros donde se reflexiona sobre el hecho editorial. En los años noventa, tanto en el mundo anglosajón como en Hispanoamérica, se empiezan a diseñar los primeros cursos y estudios formales de editores, los que con el paso del tiempo, pasaron a ser de interés de las universidades. Esto fue un gran avance en la profesionalización del oficio.

Esta puerta al conocimiento editorial ha sido fundamental, no sólo por la aprobación de la Academia sino también de los diferentes sectores de la sociedad. A esto se suman las maestrías, diplomados y cursos online, pero no hay que olvidar verificar el prestigio de la institución que los avala y la trayectoria de quienes serán los profesores de estos cursos.

En lo que va de siglo se ha intensificado la publicación de una gran cantidad de libros sobre este tema. El trabajo del editor, con esta profesionalización y especialización, se ha hecho merecedor de un espacio y de una dignidad sin precedentes, pero también de una duda acerca de la vocación por el libro frente al interés comercial.

Países como Estados Unidos, Inglaterra, España, México, Colombia, Canadá, Argentina, Chile, han sido pioneros en la oferta formativa, con programas amplios que abarcan no sólo la

preparación en cada uno de los oficios: editores, directores literarios, gestores editoriales, agentes, diseñadores gráficos editoriales, diagramadores, periodistas culturales, libreros, distribuidores, sino que también brindan un lugar para la investigación y reflexión sobre todo lo que tiene que ver con contrataciones, negociaciones, promoción y marketing. En su mayoría, estos estudios, están dirigidos a todos los profesionales de la edición y de otras áreas que quieren sistematizar y actualizar sus conocimientos en este campo.

En Venezuela, el Diplomado en Edición UCV – CAVELI-BRO, surge en el año 2006, cuando La Cámara Vene-zolana del Libro siguiendo lineamientos mundiales, dando respuestas a las iniciativas del sector y suman-do las solicitudes hechas por los editores del país, se plantea la profesionalización académica de los oficios tradicionales vinculados a la edición.

Paralelamente, el ICREA (Instituto de Creatividad y Co-municación), CENAL (Centro Nacional del Libro) y la Fun-dación Herrera Luque han realizado diferentes ciclo de talleres de edición y producción editorial para quienes se inician en este campo.

En Venezuela, a la fecha de publicación de este libro, son pocos los espacios que ofrecen estudios acerca de la profesionalización del oficio editorial, salvo los casos aislados arriba mencionados, es un campo poco explo-rado en el país. Llama la atención que, paradójicamente, la demanda de publicación ha ido en aumento y son muchas las personas que muestran interés en tener formación sobre la coordinación y la producción editorial mientras no ocurre lo mismo con las ofertas formativas y de enseñanzas en esta área. Esperamos la creación de otras ofertas de estudios superiores sobre el tema y el resurgir de los diferentes tipos de talleres sobre cada una de las áreas del libro. Bastaría que en los próximos años aparecieran otras publicaciones y reflexiones en torno al bello y difícil arte de editar.

TRES

Alma, sombra y cuerpo

La producción editorial

El cuerpo de la obra debe tener una organización, y ésta tiene que ser evidente para el lector desde la primera vez que entra en contacto con el libro.

Jorge de Buen Unna

Un buen diseño nunca debe invalidar el contenido, y viceversa; en lugar de ello, deben trabajar juntos para apoyarse y sacar lo mejor uno del otro.

Bhaskaram

El viaje del libro

Del corazón del autor a la imprenta. Producción editorial.

La producción editorial es un proceso compuesto por una serie de actividades (preparación del manuscrito, corrección, diseño, diagramación, arte final) que se inicia desde que el autor entrega el libro al coordinador editorial hasta que llega a la imprenta. Es una fase delicada. Allí comienza la concreción material del libro. Cuando el texto entra en producción, una inquietud se apodera del escritor, porque en este punto ya no está en cuestionamiento el contenido de lo que escribió; ahora el objetivo es realizar cada una de las tareas relacionadas con la creación de una estructura que será la osamenta del manuscrito.

La producción editorial está llena de detalles y procedimientos, algunos técnicos y otros intuitivos. El autor casi siempre ignora estos pasos, o apenas los sospecha, pero se dé o no cuenta, se halla imbuido en una experiencia semejante a la vivida al momento de haber escrito su original. No tiene por qué conocer los oficios que encarnarán los profesionales que entrarán en escena. Es suficiente una visión general de ellos, de quienes darán forma y estructura física a esas hojas sueltas que pronto serán libro.

El escritor, busca un lugar donde situarse y observa cómo parte de su intimidad, su obra, se vuelve pública; también él adquiere un ropaje: se viste de autor. Ahora despierta y consciente de su escritura, no logra entender el poder que alcanza la palabra al mudarse en libro. El alma de un manuscrito se compone de emoción, conocimiento y del entusiasmo de quien lo escribe, como

afirma la poeta y editora peruana, Marita Troyano: "necesitamos inspiración para editar un libro".

El coordinador editorial se reúne con un equipo de profesionales para preparar, corregir distintos aspectos discursivos y de contenido, diseñar, diagramar, corregir de nuevo las pruebas, crear un machote o arte final, revisar el arte final, entregar el libro a imprenta. En esta parte del viaje, el manuscrito se halla aislado, cobijado en un destino incierto, en manos de personas extrañas a todo lo que fue su creación y desarrollo.

Soy de las que piensa que los autores deben formar parte de la producción de su libro. Observar, respetar cada uno de los pasos a los cuales será sometido, escuchar los consejos que le hacen los responsables de la edición, oír a su corazón y sobre todo acompañar su texto. Nadie puede querer más a su libro que él, por eso debe permanecer en vigilia. Cuando sigue estos procesos, la emoción se multiplica y su compromiso como autor surge con mayor firmeza.

Durante la producción no se pueden hacer cambios en el contenido del texto sin la autorización de quien lo escribió. El respeto al autor y a su obra debe predominar todo el tiempo.

Preparación de la maleta

¿Qué contiene un manuscrito?

¿Cómo organizarlo para su edición?

El coordinador editorial debe exigir anexo al manuscrito una carpeta o archivo contentivo de los datos del autor (nombre del autor, nota biobibliográfica), los datos de la obra (título completo, subtítulo, sinopsis), textos opcionales sobre o acerca del tema del libro (prefacio, prólogo o introducción), soportes y anexos (mapas, ilustraciones, fotografías, infografías, etcétera), propuesta de imagen para la portada y cualquier otro elemento que su autor considere, dependiendo del abordaje y alcance de su proyecto.

Con toda esta información, el coordinador editorial confecciona los nuevos ropajes del libro: biobibliografía del autor, texto de contratapa, textos de las solapas, información de la página legal o de crédito, referencias, índice y otros, que se añadirán al manuscrito cuando pase a corrección, diseño y diagramación.

CAPÍTULO 4

Preparación del manuscrito

El coordinador editorial reúne y redacta la siguiente información, para luego remitir a corrección, diseño y diagramación:

Datos para la cubierta o portada principal: nombre y apellido del autor, coautor o corporativo, título del libro, logo de la editorial, logo del patrocinador, texto de contratapa, textos de las solapas u otros datos.

Breve biobibliografía del autor: escrita en no más de 10 líneas.

Fotografía del autor: en caso de que la publicación lo requiera. La misma debe estar en alta resolución, al menos 300 dpi. Suele colocarse en las solapas o contratapa del libro.

Resumen del manuscrito: breve reseña sobre su contenido o un extracto si se trata, por ejemplo, de un poemario, novela o libro de cuentos. El diseñador editorial no siempre tiene el tiempo para leer todo el libro.

Textos hojas de inicio: portadilla, portada, contraportada o página de crédito.

Información legal: Depósito Legal, ISBN, Código de barra.

Textos de páginas preliminares: dedicatoria, epígrafe, presentación, prefacio, prólogo, introducción. Esta información es opcional. No todos los libros llevan estos elementos.

Textos de páginas finales: epílogo, glosario, referencias, índice, colofón. El índice y el colofón son obligatorios para todos los libros.

Ilustraciones: fotografías, diapositivas, dibujos, esquemas, diagramas de flujo, mapas, planos, deben estar en extensiones de archivo: tif, jpg o png. En todos los casos, la resolución mínima aceptable es de 300 dpi. Cada ilustración debe llevar su correspondiente pie explicativo o leyenda.

Las tablas y gráficas: preferiblemente elaboradas en formato xls para facilitar la conversión a los sistemas/programas de edición. Elaborarlos usando la fuente Times New Roman, Arial, Garamond de 12 puntos y sus márgenes no deben exceder las dimensiones del libro.

Si las tablas son muy grandes, deben segmentarse o reestructurarse para ofrecer los datos en grupos más pequeños, de manera que sean prácticos y fáciles de leer.

Los gráficos deben ser uniformes entre sí.

Evitar en los gráficos combinaciones de barra, líneas, pastel, etcétera, porque disminuye la calidad del trabajo, y retarda la edición y rompe la unidad de estilo.

Con precisión, indicar su ubicación en el texto; con un "llamado" o remisión a la tabla o gráfica, en paréntesis o dentro del texto. Incluir, al final de la tabla o gráfica, si ha sido creada o adaptada o tomada de otra obra.

Preferiblemente, evitar entregar versiones digitales elaboradas en programas de edición como por ejemplo : Page Maker, Ventura Publisher u otros; que no sean consistentes con las herramientas informáticas utilizadas por el diagramador.

Todo el material, rigurosamente corregido, se presenta a diseño y a diagramación en soporte informático o magnético escrito en Word,

libreoffice o procesador de textos similar, con respaldo del mismo contenido en hojas tamaño carta, impresa por una sola cara.

Limpieza del alma

La corrección: la más difícil de las pruebas.

El texto, lejos de su autor, es sometido a una nueva experiencia: la corrección. No por el autor ni por sus amigos, sino por alguien desconocido, que sin afecto y con autoridad se le acerca minuciosamente, se adentra en su alma para despojarla de ruido, de las torpezas del lenguaje. La limpia, depura, quita todo aquello que no le pertenece. Este personaje, que tiene nombre y apellido, encarna un oficio, pero en ocasiones no se le da el reconocimiento que merece.

La corrección es tarea fundamental de la edición: se enmarca en el control de calidad del proceso, pero cada día es más difícil y excepcional encontrar un libro bien corregido. ¿Cómo lograr un trabajo de corrección impecable? Son pocos los que tienen el ánimo de hacerse esta pregunta. No es asunto de señalar de quién es la responsabilidad, que podría ser compartida entre los autores, coordinadores y las editoriales. Lamentablemente, en ocasiones, la falta de presupuesto termina sacrificando la corrección.

El corrector entiende que el libro es un todo y por eso hace énfasis en la cohesión y la coherencia del discurso, de la estructura general del texto, tomando en cuenta que cumpla con las características y los requisitos mínimos del género en el cual está escrito. No todos los que escriben están preparados para corregir su trabajo, por razones tan variadas como escritores existan en el mundo. Es indispensable que el corrector sea una persona que no tenga vínculos afectivos con el texto ni esté "enamorado" de él.

El corrector necesita tiempo y espacio para leer página por página, es un error pretender corregir de un día para otro. Consulta diccionarios y textos de apoyo, se reúne con el autor o lo contacta para aclarar dudas. Debe leer y revisar el libro de principio a fin, deteniéndose en cada palabra como si quisiera habitar dentro de ella. Algunas editoriales, coordinadores o autores, para minimizar los costos de la edición, sacrifican la corrección, y esto se paga con un precio muy alto, porque disminuye la calidad del trabajo, conlleva al desprestigio y poca credibilidad en el medio editorial.

Un buen corrector precisa de concentración y atención para no ser engañado por la magia de las palabras. Cuando se aproxima a leer un texto, las palabras inmediatamente se dan cuenta de sus debilidades y entran en juego con él. Es así como se esconden, se sustituyen una por otra, se descolocan los tildes, y cambian de posición una oración, una palabra, una letra. Quien corrige tiene que estar alerta con esto. Por eso, es necesario leer con tiempo y cuidado, y leerlo, si es posible, varias veces. Al corregir, se unifica la expresión del autor, se respeta su forma de escribir, no se hacen cambios de contenido en los manuscritos sin consultar, se cotejan las correcciones con las realizadas anteriormente, entre otras responsabilidades.

Es preferible leer los textos impresos en papel. Es menos sensible al juego de las palabras y permite una mirada global que la pantalla impide. Corregir a través de los dispositivos digitales es una tarea titánica, sobre todo para quienes no tienen experiencia y destreza en el oficio. Los correctores gramaticales y sintácticos de Word no son eficaces pues no son capaces de distinguir el sentido ni las palabras homónimas.

Se nace corrector, más allá de todos los estudios y la preparación que se exige para convertirse en un profesional de este oficio. Ser profesional universitario, tener cultura, conocer el idioma o la lengua en la que se trabaja, es necesario pero no suficiente. Hay una cualidad innata que debe tenerse, que se resume en lo que se denomina el ojo corrector. Hay que tener esa agudeza desde la

sangre para no flaquear ante la seducción de las palabras. He tenido la experiencia de ver cómo al imprimirse un libro aparecen todos los errores que antes no eran percibidos. He visto el caso de amigos que al salir el libro de la imprenta se han dado cuenta de errores tan graves como, por ejemplo, la ausencia del título de la obra en la portada, o que el autor o autora aparecen sin el apellido. Se sabe que los llamados duendes de la imprenta son muy activos, pero un buen corrector sabrá apaciguarlos.

La corrección debe llevarse a cabo en las diferentes etapas de la producción editorial: la corrección conceptual o de contenido se hace junto con el autor, la literaria o de estilo se realiza antes de que el libro entre a diagramación y diseño; por último, la corrección ortotipográfica se hace dos o tres veces antes de la reproducción. Entregar el libro de forma impecable en la imprenta garantiza una afortunada edición.

La corrección de contenido

Para el corrector es indispensable llevarla a cabo de la mano del autor.

Evalúa y sugiere cambios para que el texto posea legibilidad.

Revisa la arquitectura y estructura del libro según su género e intenciones.

Se asegura que lo escrito en el texto tenga correspondencia con lo que quiso decir el autor.

Señalainterrupciones,digresiones,rupturaseneldiscursoe informaciones cruzadas.

Ordena y señala las ambigüedades no deseadas. Asegura la exposición clara y ordenada de las ideas.

Examina el uso correcto de los términos técnicos y conceptuales.

Supervisa que el tiempo, la voz y el mensaje en el contenido sean coherentes con lo que quiere transmitir el autor.

Señala los fragmentos poco comprensibles que el autor puede mejorar.

Advierte acerca de vacíos, baches y lagunas en el contenido.

Verifica "originalidad y autenticidad" de los conceptos y temas tratados.

Advierte al autor sobre aquellos párrafos o fragmentos que no son de su autoría.

Esta corrección es anterior a la corrección de estilo. Probablemente genere nuevas versiones. Se realiza cuantas veces sea necesaria.

La corrección de estilo

El corrector corrige en el original impreso en papel.

Respeta la forma de escribir del autor.

Sugiere correcciones sin alterar el contenido del texto.

Limpia el texto de errores tipográficos, de ortografía, de redacción, de acentuación, de puntuación, de gramática (sintaxis, concordancia, verbos), de datos incorrectos, nombres mal escritos, repeticiones, lugares comunes, imprecisiones, cacofonías, tono, figuras retóricas, etcétera.

Discrimina que el nivel de formalidad del texto sea consistente con la temática y la intención del autor. Por ejemplo, si el libro es una monografía o tratado académico, no debería emplearse lenguaje coloquial o informal. Si por el contrario, es una novela habrá distintos registros del habla.

Uniformiza la expresión del escritor. Coteja correcciones.

Consulta al autor cada una de sus dudas.

Entrega al autor para que revise y haga las correcciones sugeridas.

Esta corrección es anterior al diseño y a la diagramación. Se realiza cuantas veces sea necesaria, si hay presupuesto para ello.

La corrección ortotipográfica

Es inherente y propia del mundo de la impresión. Por lo general, su normativa, criterios y usos la dictan las editoriales respetando las normas y estándares del idioma. Se ocupa del estudio y aplicación de los principios tipográficos de estética, funcionalidad, legibilidad y comunicación eficaz en la escritura de un texto que será sometido a impresión.

El corrector corrige junto al diseñador gráfico editorial.

Realiza la corrección en las pruebas tipográficas (texto diagramado o compuesto).

Aplica correcciones tipográficas y de formación.

Revisa sobre el libro ya compuesto líneas, páginas y blancos incorrectos.

Garantiza una tipografía compacta y de fácil lectura. Cuida la uniformidad de estilo.

Se centra en corregir las normas de alineación, mecanismos y grafías de remisiones, disposición de los párrafos (seguidos o aparte) y puntuación de las citas.

Revisa los tipos de letras, su anatomía, variedades y aplicación (redonda, cursiva, negrita, VERSALITA, ancha y estrecha, etcétera) según sea el diseño del libro.

Corrige la grafía, composición, y disposición de apartados. Chequea la división y separación de palabras a final de línea. Elimina la partición de títulos.

Armonizan los signos utilizados en los distintos tipos de notas (llamadas, notación y puntuación).

Supervisa el uso correcto de la acentuación de todos los elementos textuales.

Aplica los distintos tipos de folios numéricos.

La corrección ortotipográfica, por lo general, es responsabilidad de la editorial o del coordinador editorial, pues su normativa y criterio de usos puede variar de una editorial a otra. El autor debe estar presente cuando se hace este tipo de corrección para que se corrijan cada uno de los señalamientos.

Los primeros ropajes

¿Cuáles son las partes de un libro?

Hay un momento cuando el original necesita de rostro y cuerpo para presentarse ante el mundo. Pienso que es la experiencia más vanidosa de todo el proceso editorial. El texto fortalecido por la corrección, confía en el criterio del coordinador y de su autor para encontrar un profesional que le diseñe y le dé belleza para mostrarse.

El coordinador editorial se encarga de que se redacten los textos que van tanto en la cubierta del libro como en su interior. Estos son de suma importancia porque convocan a comprar el libro, abrirlo, leerlo.

Corresponde al diseñador editorial ubicar dentro de las posibilidades del espacio gráfico cada uno de los textos de la obra. Los nombres de las partes internas de un libro pueden variar entre un país y otro, pero siempre corresponden a las costumbres, reglas y convenciones que se observan internacionalmente.

Todo libro consta de cuatro partes principales: estructura externa, páginas de inicio, texto o cuerpo de la obra y páginas finales. La integración de cada una de éstas, forma el cuerpo del libro. Es lo que le da su aspecto físico y su presencia. Esto es responsabilidad del diseño editorial. ¡Ya el libro tiene sombra.

CAPÍTULO 5

P ARTES DE UN LIBRO

Los libros se dividen en dos partes:

El cuerpo exterior o cubierta. Está conformado por la tapa o portada exterior, la contratapa, el lomo, las solapas, y el forro.

La parte interior. Contiene las páginas iniciales, preliminares, texto o

cuerpo de la obra, y las páginas finales.

CUERPO EXTERIOR O CUBIERTA DE UN LIBRO

La tapa o portada exterior está hecha de un material más firme que el de los pliegos, es la estructura física del libro. Tiene impresos los nombres y apellidos del autor, autores, compiladores, antólogos; el título de la obra; el logo de la editorial; el logo del patrocinador de la publicación (si lo tiene).

La contratapa es el reverso de la tapa, generalmente se coloca en ella un texto que explique el contenido del libro. Su intención es comercial. Está dirigida esencialmente al lector y al comprador del libro.

El lomo es la parte del libro donde se sujetan todas las hojas y cubre el peine de la encuadernación. Es de gran utilidad cuando los libros están colocados verticalmente en el estante de una librería, biblioteca pública o personal. Señala el título, autor y editorial, es una información indispensable para libreros, bibliotecarios y para el público lector. Un lomo bien diseñado se destaca entre los otros lomos en los estantes de la librería. Debe ser legible, fácil de visualizar e identificar.

Las solapas son extensiones de las sobrecubiertas o de las tapas. Son dos. Aunque algunos libros no las tienen, las solapas le dan personalidad y firmeza a la publicación. La primera va ubicada entre la tapa y la primera hoja del libro, y la otra se ubica entre la última hoja y la contratapa. La información que contienen depende de las variaciones del diseño de las casas editoras. Sin embargo, es común ver el perfil y fotografía del autor, nombre de la colección, títulos del autor, o de otros autores publicados en esa editorial, comentarios acerca del éxito del libro si es una reedición, entre otros datos. Los lectores pueden usar las solapas como separadores.

El forro es opcional. Actualmente, pocos libros lo llevan, se observa en los de artes o en ciertas publicaciones especiales. Protege la cubierta y comúnmente lleva escrita la misma información.

PARTE INTERIOR DE UN LIBRO

Páginas iniciales. Se colocan antes del cuerpo de la obra. Usualmente están en todas las publicaciones de libros.

Páginas preliminares. No son obligatorias, su presencia o no, depende de las características de la obra y, en algunos casos, de las decisiones del coordinador editorial.

Texto o cuerpo de la obra. Es la parte más importante del libro pues es la razón de la edición y la publicación. Cuando el libro es muy extenso se aconseja al autor dividirlo en partes y éstas, a su vez, en capítulos. Si es el caso, cada capítulo tendrá títulos, subtítulos, incisos, subincisos.

Páginas finales. Son los textos ubicados después del cuerpo interior de la obra.

PÁGINAS INICIALES

Hoja de respeto u hoja de cortesía: es una hoja en blanco que aparece al abrir el libro y es la última hoja antes de la contratapa, da mayor sobriedad a la publicación.

Portadilla: se coloca después de la hoja de respeto. La portadilla antecede a la portada interior, y sólo presenta el título de la obra o el nombre de la colección. Está impresa en el recto (lado delantero e impar). No lleva numeración.

Portada interior: es la página en la que aparece el nombre completo del autor o coautores, el título completo del libro, nombre del prologuista (opcional), nombre del traductor (opcional), el lugar y el año de la impresión, la editorial y la colección. Es la página uno, pero no lleva el número escrito, aunque se cuenta. Es página impar.

Página legal o de créditos: es la página dos, es el reverso de la portada interior. Normalmente, es la única página fija de un libro. Allí se especifican los aspectos legales: copyright de la autoría del escritor o autores, traductores, fotógrafos y demás creadores que aparezcan en el libro; créditos de las personas que intervienen en el proceso de preparación del libro (diseñador, diagramador, corrector, curador), número de depósito legal, número de ISBN; razón social, dirección y demás datos de la empresa editora; ciudad y año de la edición del libro, así como las fechas de reimpresiones y ediciones anteriores en caso de que existan, la reserva de derechos con su respectiva leyenda de queda rigurosamente prohibida la reproducción parcial o total del libro. Algunas editoriales incluyen

una ficha bibliográfica normalizada para auxiliar a las bibliotecas y a los investigadores. Los profesionales que intervienen en la edición de un libro deberían tener su crédito en esta página.

PÁGINAS PRELIMINARES

Se escriben en la página derecha, su ubicación es fija más no rígida. Aquí se les da un orden lógico opcional.

Dedicatoria: se coloca en la página derecha que está después de la página legal o de crédito. Se escribe en cursiva, usando un punto de letra menor al utilizado en el resto del libro y comienza con la letra A o Para.

Epígrafes: son citas de otros autores. Se colocan en la página derecha o impar que está después de la dedicatoria o al comienzo de cada uno de los capítulos. Va en cursiva y en el mismo punto de letra que la dedicatoria.

Presentación: escrita por el editor o por la persona de mayor responsabilidad en la editorial o vinculada a la edición. En ella la editorial justifica el porqué está publicando el libro.

Prefacio: Se escribe en primera persona, generalmente lo hace el autor. Es la primera oportunidad que tiene de comunicarse directamente con sus lectores donde describe brevemente el propósito, alcance, destinatarios y contenido de su libro. Es un texto, en ocasiones, emotivo.

Prólogo: Se encarga a un académico, profesor, especialista o a alguien que de un modo general escriba sobre el tema del libro. En el prólogo, se presentan al autor y a la obra.

Introducción: Es obligatoria en libros académicos, de ensayo o en las reediciones de los clásicos del pensamiento y las letras. Es escrita por un especialista en el tema que se aborda en el texto. En los libros académicos y en ensayos, la introducción es del mismo autor al igual que la conclusión. La introducción puede tener título, subtítulos, enfoques, punto de partida y conceptualizaciones. A diferencia del prólogo plantea el alcance del tema, antecedentes, justificación, metodología utilizada, agrega observaciones personales o puntos de vista, añade referencias sobre el tema.

TEXTO O CUERPO DE LA OBRA

Es la razón de ser de la edición y la publicación. No todos los autores escriben sobre lo mismo, por lo tanto transcribimos la clasificación que Jorge De Buen Unna, en su Manual del Diseño Editorial, (2008) hace de las diferentes clases de libros:

Analectas. Antología.

Anónimo. Libro del cual no se sabe quién es el autor.

Antología. Recopilación de poemas, cuentos, novelas, ensayos, etc.

Autobiografía. Biografía que el autor hace de sí mismo.

Biografía. Relato de la vida de una persona.

Breviario. Epítome o compendio sucinto. También es el libro de los oficios eclesiásticos. Normalmente, los breviarios son piezas pequeñas, fáciles de transportar.

Catálogo. Enumeración y descripción de las piezas que componen un repertorio o colección.

Compendio. Exposición de lo sustancial de una materia. Extracto de un tratado.

Diccionarios. Principalmente, un diccionario es un catálogo en orden alfabético de las voces que componen un idioma. Existen varias clases: enciclopédicos, especializados, de idiomas, de sinónimos y antónimos, de expresiones coloquiales, de voces regionales, de extranjerismos, inversos, de dudas, etc.

Directorio. Libro que expone la manera de dirigir algún negocio.

Edición. Se llama así al conjunto de ejemplares que se imprimen de una sola vez. Por lo común, si los mismos moldes se usan de nuevo, sin cambio alguno, para imprimir más ejemplares, a la nueva tirada se le llama reimpresión. En cambio, cuando se habla de una nueva edición, se da a entender, más bien, que hubo cambios de forma o texto con respecto a la tirada anterior.

-ad úsum Delphini. Edición expurgada. Este nombre se daba Este nombre se daba originalmente a las obras de los clásicos latinos editadas para el hijo de Luis XIV -el Delfín-, a las cuales se les habían suprimido fragmentos.

-acéfala. La que se publica sin portada.

-anotada. Edición comentada.

-apócrifa. Obra falsificada, no auténtica o de autor supuesto.

-bilingüe. La que se compone con el mismo texto en dos idiomas. Normalmente, se hacen EDICIONES BILINGÜES con el fin de que aparezca la traducción al lado del original; pero también se suelen imprimir libros en dos idiomas distintos del original, con el propósito de que la misma edición alcance un mercado más amplio.

-clandestina. La que se hace contraviniendo alguna prohibición, con un pie de imprenta falso o sin pie de imprenta.

-comentada. Aquella que se complementa con las notas o los comentarios de algún especialista que no es el autor.

-conmemorativa. La que se hace para celebrar algún hecho, como puede ser la primera edición de cierta obra, o para rememorar a algún escritor.

-de batalla. Edición económica.

-de bibliófilo. Edición "limitada, de ejemplares numera- dos y presentación lujosa.

-definitiva. La que ha sido minuciosamente revisada, de modo que nunca más vuelve a modificarse.

-diamante. La de libros pequeñísimos, particularmente los manufacturados con mucho esmero.

-económica. Tirada en la cual se ha escatimado en costo para poder ofrecerla a bajos precios.

-en caja. La que, habiendo sido terminada, no se ha impreso.

-en rama. La que se sin acabar, faltándole las tareas de costura, desvirado, pegado, etc.

- expurgada. Obra que en la que se han omitido partes del original, por razones de censura.

- extracomercial. La que se expende sin fines de lucro o que no está destinada a la venta pública.

- facsimilar. Reproducción fotográfica, página por página, de un libro.

- ilustrada. Aquella en la que el texto se complementa con fotografías o dibujos.

- íntegra. La que se reproduce sin eliminar ninguna parte del texto original.

- limitada. La que consta de un número reducido de ejemplares.

- liliputiense. Edición diamante.

- ne variétur. Edición definitiva.

- paleográfica. La que se apega estrictamente al manuscrito, incluyendo notas del autor, así como del editor, compilador o traductor.

- pirata. La que se hace sin el permiso del autor, del editor o de cualquier otra persona que sea titular de los derechos de reproducción.

- políglota. La que tiene el texto en más de tres idiomas.

- príncipe. La primera o la principal de una obra.

- privada. La que no se pone a la venta, sino que es repartida directamente por el propietario.

- trilingüe. La de un libro impreso en tres idiomas.

Editio prínceps. Edición príncipe.

Enciclopedia. Pretende ser una recopilación de los tratados de todo el conocimiento. Al menos, eso intentaron sus inventores: Diderot y d´Alembert, al dirigir entre 1751 y 1780 la edición de la primera, que constaba de volúmenes bajo el nombre de Encyclopedie ou Dictionaire raisonné des sciences, arts et metiers. A partir de la creación de esta importante obra, la cual marcó un hito en la historia de la humanidad, han aparecido muchos tipos de enciclopedias, con distintas extensiones y contenidos: universales, nacionales o regionales, generales o especializadas, alfabéticas y temáticas o mixtas.

Ensayo. Presentación de un tema que el autor no agota, y que trata de una manera personal, exponiendo sus propios punto de vista.

Epítome. Resumen muy elemental de una obra.

Florilegio. *Antología, colección de selecciones literarias.

Incunable. Con este nombre se conocen los libros impresos en Europa antes de 1501 así como a los impresos en América antes de 1601.

Introducción. Obra en la que se tratan someramente las partes de una materia.

Libreto. Guión literario de una obra teatral, guiñol, ópera, opereta, zarzuela, etc.

Libro de arte. Muestra gráfica de la obra de uno o varios artistas plásticos.

- de cuentos. Recopilación de breves obras de ficción.

- de texto. Tratado, compendio o breviario destinado especialmente a la educación de estudiantes.

- del año. Actualización de una enciclopedia.

- inédito. El que nunca ha sido publicado.

Manual. EL MANUAL es, básicamente, un compendio; sin embargo, con este nombre se conoce más bien al libro donde se describen los procedimientos para el manejo de un oficio, una máquina o alguna técnica.

Memoria. Recopilación de las ponencias sustentadas durante una reunión o conferencia. También se llaman así: las exposiciones de materias, los antecedentes sobre algún tema para su discusión, los informes que se presentan ante la autoridad, las tesis universitarias y otros trabajos similares.

Memorias. Notas biográficas y recuerdos de algún per sonaje."Autobiografía.

Novela. Pieza literaria de mediana o grande extensión que presenta situaciones ficticias pero verosímiles, del todo o en parte, para la recreación de los lectores.

Partitura. Obra escrita en notación musical, que utilizan los músicos para la conservación y reproducción de las obras.

Retrato. Descripción literaria, de estilo libre, de una persona, lugar o grupo social.

Tesis. Proposición o disertación que pretende estar suficientemente expuesta y demostrada. También se llama tesis al trabajo que, en muchas universidades, debe presentar el estudiante que aspira a un título profesional. En teoría, estos trabajos deberían ser estrictamente TESIS según lo que establece la primera definición; pero es común ver, bajo ese título, reportes de trabajos, informes y otras cosas.

Tratado. Es un escrito que comprende las especies de una materia determinada. Pretende ser una compilación completísima y erudita de todo lo relacionado con esa materia.

PÁGINAS FINALES

Notas: si no se colocan a pie de página, como indica el estilo que predomina actualmente, se colocan después de las conclusiones. Se evita el uso excesivo de las notas, pero eso depende del tipo de texto que sea y del tema tratado.

Apéndice o anexos: generalmente, son documentos estadísticos, gráficas, ilustraciones, estudios especiales o notas metodológicas que se colocan al final del cuerpo del libro. No son necesarios para la comprensión de la obra, pero sí para complementarla y darle sustento.

Epílogo: recapitulación, resumen o conclusión de lo dicho.

Glosario: en las últimas páginas, muchos libros suelen incluir un apartado en el que se definen y comentan algunos de los términos utilizados en el texto, con el fin de ayudar al lector a comprender mejor los conceptos o precisar los términos que se manejan.

Referencias: contienen los datos de todo el material consultado y leído por el autor para escribir. Se presentan al final del cuerpo interior del libro, se ordenan alfabéticamente por autor, se utiliza sangría francesa y deben presentarse siguiendo un modelo específico y el orden que ese modelo establece. Anteriormente, se denominaba bibliografía, pero por ser un término que se restringe sólo a los libros, excluye materiales que se utilizan como fuente para sustentar los argumentos o conclusiones. Estos pueden ser videos, contenido digital, entrevistas, correos electrónicos, tweets, archivos de voz, fotografías; por ello es más adecuado el término "referencias". Es recomendable clasificar los materiales según el tipo de fuente. Por tradición primero se ubicarán los libros, luego el material hemerográfico, después los otros.

Índice general: da paso al contenido propiamente dicho y algunos editores lo cuentan entre las páginas preliminares. Sin embargo, en este libro se coloca entre las páginas finales.

Colofón: texto que aparece en la última página escrita del libro. En ella se especifican los datos de publicación (nombre del libro y del autor, fecha de la publicación, número de ejemplares, tipo de papel, tipo de fuente y nombre de la imprenta). Es una ficha descriptiva del aspecto formal de la edición. El colofón ha variado a través de los siglos y su estilo abarca del meramente descriptivo hasta el que incluye datos útiles para los editores, más no para los autores. Hay ejemplos de colofones que señalan estaciones del año, efemérides, santorales y otros datos.

Una experiencia vanidosa

Diseño gráfico editorial.

El libro ya tiene el cuerpo diseñado.

El campo del diseño gráfico es amplio y tiene diferentes ramos, uno de ellos es el diseño gráfico editorial. Una vez que el coordinador editorial tiene reunidos todos los componentes del libro, éste está listo para ser enviado a diseño. Una bella importante experiencia, porque el texto pronto tendrá rostro y su autor verá por fin su nombre y apellido escrito junto con el título en la futura portada.

El diseño gráfico editorial es el arte de darle forma e identidad estética a una publicación, sean libros, revistas, folletos, periódicos, encartados, anuarios, manuales, etcétera. Cada una de ella exige una estructura y características que le son propias: el formato, la imagen, la composición y el contenido.

De todos los medios que abarca el diseño editorial, sólo se hablará del libro y sólo sobre aquellos aspectos esenciales para que el autor pueda tener información acerca de la nueva etapa por la que pasará su manuscrito. El autor tiene que estar atento a quién le entrega la maquetación de su texto. El diseño gráfico editorial es trabajo de profesionales y en Venezuela es de larga tradición y de escuela.

Una vez definido el campo del diseño, el coordinador editorial selecciona al diseñador con el que desea llevar a cabo este proyecto. El formar un equipo de trabajo va más allá de una amistad o de los créditos que tenga un profesional en el medio (cosa que es importante y priva), también es necesaria la especificidad de cada área. Hay diseñadores que se sienten más cómodos ideando libros para niños, en cambio otros, prefieren diseñar revistas o libros literarios.

Una vez contactado el diseñador, es necesario proporcionarle suficientes datos, para que éste haga su presupuesto de costo y tenga desde el principio claridad sobre el tipo de propuesta que va a diseñar. Esta información puede variar dependiendo de la publicación: resumen o explicación acerca del tema, posibles futuros lectores, formato, tipo de papel que podría elegirse, número de páginas del contenido, cantidades y características de los diferentes tipos de ilustraciones y gráficos (si están incluidos), tipo de portada, colores de la portada o de la tripa. Es conveniente discutir todos estos aspectos con el diseñador. También se acuerda el presupuesto que se tiene asignado para el diseño, porque la disponibilidad económica influye en la ambición o no del mismo.

Con toda esta información, además de otras que surjan a partir de sus preguntas, el diseñador comenzará a trabajar para elaborar los primeros bocetos, organizando todas las partes del libro de modo armonioso. Luego presenta varios esbozos de la identidad gráfica de la obra. El formato, la retícula, la tipografía, las imágenes y los colores, pueden variar según cada trabajo a realizarse, hasta lograr una maquetación o diagramación de todo el contenido.

El diseñador «debe ser muy consciente de que su lugar en la industria gráfica significa, por una parte, que depende de elementos de trabajo ya determinados por otros -tipos, papel, tintas, herramientas, máquinas- y, por la otra, que deberá permitir que su propio trabajo sea sometido a posteriores procedimientos - impresión, acabado-. Por lo tanto, no es libre de tomar decisiones independientes; deberá obrar

teniendo en cuenta tanto las limitaciones de una fabricación previa, como las exigencias engendradas por las actividades posteriores a la suya. (Emil Ruder, citado por BUEN Unna, 2008).

No se acostumbra, en las editoriales, que el autor participe en la escogencia del diseño. La mayoría de las veces, el autor ve el diseño de su libro una vez que ya se ha hecho la publicación. Sin embargo, cuando es el autor quien está publicando su obra a través de los oficios de un coordinador editorial, puede exigir su participación en la escogencia. En este caso, el coordinador propondrá una reunión entre el autor y el diseñador editorial para que el autor exponga el concepto de su libro y tal vez pueda aportar información nueva y útil para diseñar y diagramar. En todo caso, cada profesional en este ramo tiene su estilo de trabajo. También el autor podría aportar una ilustración para la portada de su libro: no siempre es acertada, pero cuando resulta serlo, queda parte del diseño adelantado.

No sólo el diseñador define la estética del libro, también hay textos de mucha exigencia artística en los que participan ilustradores, infógrafos, fotógrafos, cartógrafos, etcétera. Todo el contenido que produzcan estos profesionales tienen que pasar por las manos del diseñador editorial que es la persona encargada de coordinar todos los elementos y contenidos, dándole estructura, visibilidad, armonía e integración de todo el contenido visual dentro del libro. Hecho esto, entonces estará listo para su diagramación.

La diagramación es lo que suele llamarse la puesta en página de la obra, que no es otra cosa que colocarla bajo el formato de unas medidas, fuentes, estilo y mancha según indicaciones del diseño:

El diseño de libros en concreto requiere una gran habilidad artesanal por parte del diseñador. Hasta cierto punto, ello es cierto al diseñar cualquier publicación, pero mientras que un informe anual sólo tiene que durar un año y un periódico un día o una semana, el libro es permanente, así que no hay sitios para los errores en su diseño. (Bhaskaram, 2006).

La diagramación es un proceso delicado que se realiza con mucha atención, pues trabaja con jerarquías y retículas que es lo que permite obtener una gráfica que responda al mensaje que se transmite en el texto.

Es importante, aclarar previamente con el autor, si está seguro de que el texto que ha entregado es el definitivo. Esto hay que hablarlo antes de pasar el material al diseñador, para evitar, insertar contenido luego de ya establecida la maqueta, pues lo más seguro es que los textos se corran, amerite agregar más páginas, mover fotografías y hacer otros ajustes.

La diagramación debe acudir al corrector ortotipográfico para que realice la corrección. Después de esta actividad, el coordinador editorial exigirá una prueba de galera que consiste en el diseño y la diagramación completa del libro, tal cual quedará impreso con todas sus partes integradas. Luego se sentará con el autor y revisarán juntos el material, para que éste dé su aprobación antes de ir a imprenta. El autor puede en este punto señalar su aceptación o inconformidad sobre algún aspecto del diseño o diagramación. Esto debe hacerlo con respeto por su libro, con la mayor sinceridad y responsabilidad. El coordinador debe hacer seguimiento de cada uno de los pasos del diseño y de la diagramación para que de este

modo se puedan hacer a tiempo los ajustes y cambios necesarios. Éstos deben pensarse muy bien y tienen que estar plenamente justificados, pues el mover una palabra, muchas veces, precisa ajustar el ancho de una columna, la profundidad de sus renglones, las dimensiones de las imágenes y, en ocasiones, hasta la forma.

Una vez aprobado el arte final, se procederá a llevarlo a la imprenta. Es en este momento cuando el autor cae en cuenta de que el manuscrito que entregó al coordinador meses atrás, se ha transformado en algo distinto, no en su contenido, sino en belleza y disposición sobre el papel.

Cada uno de los ropajes está integrado ahora al nuevo libro, está viviendo la experiencia más significativa de su viaje y sobre todo tiene el beneplácito de su autor quien lo mira con orgullo y lo acaricia.

¡Ya el libro tiene su cuerpo diseñado! Está listo para hacer su último viaje.

Diseño gráfico editorial

Es la rama del diseño gráfico que proyecta, programa, prepara, orienta y efectúa una propuesta estética de un impreso. Realiza la maqueta y la composición según el tipo de publicación: portadas, diagramación y maquetación de libros, revistas, periódicos, folletos, flyer, catálogos, encartados, gacetas, informes anuales y programas culturales. Exige una estructura con unas características que le son propias en cuanto a formato, composición y contenido visual.

Diseño del libro

El diseñador editorial realiza, entre otras, las siguientes actividades:

Define el objetivo comunicacional, conceptual y contenido considerando su impacto e innovación visual en cuanto a formato, imágenes y color. Busca presentar al lector, el contenido de la publicación de la forma más delicada (limpia) y fácil de interpretar, a veces sacrificando elementos de diseño que pudiesen hacerlo más llamativo, pero que restaría comodidad a la hora de leer.

Elabora la portada del libro: formato, imagen, tipografía, color y composición. Teniendo más libertad a la hora de componer que cuando diagrama la tripa. La portada tiene que ser de fácil lectura, título y nombre del autor, haciendo la portada agradable y llamativa al público.

Delinea, modifica, interviene, y da tratamiento visual a las imágenes, a los gráficos, a las ilustraciones del exterior o interior del libro. Y retoca si es necesario mejorar la calidad de las fotografías.

Establece las pautas de la diagramación: formato de página, tamaño, tipografías, estilo, formateo de párrafos, sangrías.

Propone el color corporativo o los colores para el texto y criterios compositivos.

Realiza la preimpresión de la maqueta de páginas tipo.

Ofrece múltiples opciones bajo una norma establecida.

Diagramación y montaje

Algunas tareas que durante este proceso el diseñador o diagramador lleva a cabo:

Compagina, es decir, elabora una premaqueta del impreso en donde se visualiza el orden de las páginas y contenidos según las normas establecidas.

Hace la composición de textos, de la tipografía y de las fuentes, siendo coherente con el mensaje que transmiten.

Trabaja con retícula y se configura el alineado de los textos: a la izquierda, a la derecha, al centro, justificado. El interlineado es el espacio entre renglón y renglón.

Propone cómo deben ir en el texto: títulos, antetítulos, subtítulos, gorros, capitulares, leyendas, extractos, cuerpo de texto, autores de texto y fotografías, números de páginas, encabezados de sección, cintillos.

Ubica las imágenes en el texto: ilustraciones manuales, ilustraciones digitales, fotografías, fotomontajes, infografías, diagramas, cuadros estadísticos, viñetas, logotipos, con ayuda del autor, según lo amerite el texto.

Sigue las pautas del diseño en la utilización de los recursos gráficos: líneas, tramas, signos, marcadores de leyendas, fondos texturados y recuadros.

Realiza una maqueta del texto que sirva como documento de referencia en los puntos de comprobación
preestablecidos (galeradas, ajuste de página, correcciones y pruebas de color).

Revisa junto al corrector ortotipográfico las pruebas o
maquetas del texto y corrige posibles fallos.

Elabora el arte final en papel y en digital con las especificaciones técnicas para la reproducción. El diseñador
editorial, anexa los detalles estéticos y señalamientos
para guiar al impresor.

CUATRO

Multiplicación del verbo

La reproducción

La obra impresa que no puede leerse se convierte en un
producto sin sentido.

Emil Ruder

El verbo revela o fulmina al hombre. El arte del verbo
puede bastar para una vida.

Juan Liscano

En el principio

La imprenta: historia y permanencia. El legado del Doctor Fausto.

El deseo de preservar y difundir tanto el conocimiento como las ideas y la creación fue lo que marcó durante muchos siglos el método de reproducción manual de los libros: de las tablillas de arcilla, la aparición del papiro, la creación del pergamino, la Biblioteca de Alejandría que reunió el saber del mundo, pasando por los monjes copistas medievales a los grabados en planchas de madera. El arte de fabricar papel llegó a occidente en 1282 desde China. Los primeros papeles fueron fabricados en occidente, en los talleres de Fabriano en Italia.

Los chinos, también desarrollaron una imprenta de caracteres móviles en los primeros siglos de esta era. Sin embargo, en el siglo XV se registra la creación de la imprenta como tecnología de reproducción masiva de libros, invento atribuido a un herrero y orfebre de nombre Johann Gutenberg.

Juan Gutenberg no fue el primero en concebir la idea de utilizar tipos individuales, pero sí el primero que tuvo energía y la suficiente presenciade ánimo para hacerlos una realidad práctica. (Buen Unna, 2008).

Según cuenta Buen Unna (2008), algunos han dicho que el Misal de Constanza, originado en el taller de Gutenberg fue el primer libro impreso con caracteres móviles. Esta polémica se desató 1880 con el descubrimiento de este misal, y se mantiene hasta nuestros días, pues para muchos la Biblia es el primer libro impreso con tipos móviles. Gutenberg no puso colofones en los primeros libros que produjo, por lo tanto no hay modo de comprobar la fecha de su impresión.

Siguiendo lo dicho por Buen Unna, Gutenberg, no solo utilizó los diferentes tipos de metales: hierro, acero y cobre, sino que también para construir las piezas los fundió conociendo su comportamiento al ser expuestos al calor y a la estabilidad "en sus dimensiones al enfriarse, después del vaciado". Sin duda, Gutenberg fue un conocedor y experto en varios oficios. Llegó a modificar una prensa de uvas "para sostener el papel y la caja en la que se colocarían los tipos". Este herrero dibujaba las letras, las grababa en acero, fabricaba los moldes y "fundía los tipos individuales".

Lamentablemente, la invención de Gutenberg fue un fracaso en términos comerciales. Se le atribuye una sociedad con Juan Fust, quien al pasar el tiempo le exigió el pago del préstamo que le había hecho y al no recibir la cancelación de la deuda, le confiscó la imprenta y la mitad de la producción de la Biblia, que posteriormente quiso vender en Francia. Juan Fust, en París, por esa época, fue acusado de haber "pactado favores con el Diablo", ya que nadie entendía cómo había escrito tan rápido tantos libros.

Se cree que éste es el mismo personaje que inspiró a los músicos Berlioz, Schumann, Liszt, Gounod, Boito y Busoni, y a grandes escritores como Marlowe, Göethe, Lenau, Valéry, Mann, Bulgakov. El venezolano Herrera Luque, lo recrea en su novela La luna de Fausto:

–Yo he oído decir que tiene más de un siglo –aventuró Stevar.

– Y debe ser cierto – añadió El

Conde –. Mi abuelo estaba en la corte de Francia cuando el Doctor Fausto fue a venderle una imprenta al Rey Luis XI.

–¡Entonces!, este Fausto –agregó Stevar rayando en expectación – es el socio de Gutenberg.

Es indudable que la Biblia de Gutenberg marcó un hito. No es casual que esto haya ocurrido en Alemania y bajo la Reforma de Martin Lutero, donde la interpretación directa de los contenidos de la Biblia, al margen de la exégesis de la Iglesia Católica, fue uno de sus principios fundamentales.

Con la llegada de la imprenta apareció la necesidad de una sociedad alfabetizada, que diera crédito al nacimiento de la imprenta y favoreciera la creación de un canon de obras literarias. Buen Unna dice al respecto:

Con la popularización de la imprenta se inventaron los analfabetos o, dicho de otro modo, la necesidad imperiosa de aprender a leer. Mano a mano, alfabetización e imprenta fueron creciendo hasta convertirse en necesidades de primer grado. La concomitante expansión del mercado editorial, debida al mayor número de individuos que aprendían a leer, trajo consigo su propio aporte: la conversión del libro en una pieza sujeta a leyes de la oferta y la demanda masivas, con todas las virtudes y penas que ello trae como bagaje.

La transformación cultural que implicó la Reforma para Europa del Norte, no solo se manifiesta en la monumental obra de Bach, quien dotó de canon musical a la Reforma, sino que se reflejó en la rápida expansión de la imprenta por toda Europa. Ésta no solo fue un instrumento religioso sino también político y bélico en los territorios en guerra. La trascendencia cultural que alcanzó en los siglos venideros fue inevitable. Ya en 1749, Joseph Ames, citado por Elizabeth Eisenstein (1994), tratando de abordar los misterios que ocurren detrás de la impresión de los libros, decía:

Debo confesar abiertamente que al proponerme esta historia de la imprenta he tomado a mi cargo una empresa demasiado grande para mis fuerzas cuya verdadera dimensión no supe ver bien desde un principio.

La evolución tecnológica fue marcando el desarrollo de maquinarias más eficientes. Buscando una forma más barata de publicar, el escritor Aloysius Senefelder, en 1796, hizo un gran aporte al desarrollar la litografía.

La imprenta llega a América alrededor de 1530, a México. Básicamente, es en 1808, cuando los ingleses Mateo Gallagher y Jaime Lamb la traen por primera vez a tierras venezolanas. En el taller de Gallagher y Lamb en Caracas, se publica en octubre, del mismo año, el primer ejemplar de la Gaceta de Caracas. La imprenta en

Venezuela estuvo marcada por intereses políticos, no solo fue utilizada para difundir las ideas y los mensajes de los colonizadores sino también los de los luchadores y pensadores independentistas.

A finales del XVIII, la máquina de vapor impulsó la revolución industrial. El periódico (que no es casual que se le llame prensa al

igual que la máquina que transfiere tinta al papel) promovió el desarrollo tecnológico que ha logrado la imprenta. La necesidad de difundir noticias diariamente y la demanda de las ciudades modernas, hizo que se buscara mejorar la velocidad de impresión, dejando marginada la estética. Se buscará, entonces, la velocidad acorde con la era industrial, y la imprenta ya no tendrá ni un fin religioso ni político ni estético sino masificador, sin importar los contenidos que se reproduzcan. La difusión de la imprenta y de sus productos respondió más que a lo cultural a intereses políticos y, luego, económicos.

En el siglo XX, con el impulso de los adelantos logrados por la fotografía, aparece con las décadas de los cincuenta y sesenta la fotocomposición. Pero esta fase sería relativamente corta, pues la era digital, a finales de siglo, transformó todos los procesos de impresión gracias al salto tecnológico que significó la digitalización y la expansión masiva de los sistemas de información y redes de computadoras.

Arribando a puerto

Tengo muchas dudas.

¿La imprenta es un puerto seguro?

A veces, para un autor la reproducción de su libro puede ser inquietante. La sola idea de que su texto se multiplique, el solo pensar que cada error que tenga el libro será repetido centenares de veces, crea angustia. Ver libros impresos es algo cotidiano. Pero, resulta diferente cuando el autor entrega a la imprenta el suyo, que como es el caso de muchos, ha sido escrito con disciplina, dedicación y responsabilidad.

En su primer viaje, el texto pudo fortalecer la voz que le fue dada por su autor, a esta voz le ha llegado el momento de extenderse hasta donde desea.

No es relevante para un autor conocer todos los aspectos técnicos de la impresión. Si bien lo sabe intelectualmente, su corazón no entiende cómo lo que escribió será multiplicado en tantos ejemplares. ¿Qué será eso de ejemplares? se pregunta. ¿Cómo hará para entenderse, ya no con su manuscrito, sino con esa cantidad de libros, que tendrán su nombre y apellido y estará viendo muy pronto?

Esta es la fase en la que el autor se hace más preguntas: ¿cuántos ejemplares imprimo?, ¿qué tipo de papel y de qué gramaje?, ¿quién me garantiza la exactitud de los colores que utilizo?, ¿quién supervisará que se cumplan las indicaciones del diseño? Estas interrogantes y otras que surgirán deben ser aclaradas y

canalizadas por el coordinador o por el diseñador editorial, de manera que el autor esté tranquilo y seguro al entrar a la imprenta.

La imprenta es un sitio amplio, con muchas máquinas y papeles por doquier, pero sobre todo predomina ese olor a tinta. Hay personas uniformadas que caminan de un lado a otro, algunas tienen guantes, otros llevan tapabocas, sonríen y escuchan música. La imprenta sigue siendo un lugar lejano, aunque su ubicación esté en la misma ciudad donde se viva, aún así suele sentirse fría, distante y ajena a la experiencia cotidiana del autor.

El trabajo del impresor siempre ha sido un oficio solitario, cerca de los libros, cuidándolos en su hechura. Él sabe que imprimir es una tarea que necesita silencio y concentración, además de disciplina, responsabilidad y conocimiento.

El arte final, es el manuscrito diseñado y diagramado, que contiene una serie de indicaciones a tomar en consideración por el impresor y su equipo. Estos señalamientos técnicos que versan sobre las características de su formato, el color, las ilustraciones, la encuadernación y otras que al diseñador le parezca pertinente acotar, es lo que garantizará la impecabilidad de su impresión y, por ende, de su nacimiento como libro.

El arte final de un texto es una voz contenida, casi un eco. De ser una idea, se materializó en papel, fue sometido a lecturas, revisiones, correcciones y diseño hasta llegar a la imprenta y conocer el cuerpo que le ha sido otorgado.

La cuenta regresiva

¿Cómo elegir una imprenta para mi libro?

En el mercado, hay muchas industrias dedicadas a la impresión, unas hacen facturas, otras producen cajas para medicinas, están las rotativas de los periódicos, algunas trabajan solo con piezas de publicidad, y otras que imprimen las bolsas para los supermercados... El autor novato en este entorno descubre que las imprentas de libros son las menos comunes.

Para encontrar una imprenta de libros, la experiencia me dice que el autor tiene que guiarse por el coordinador, o acudir a su diseñador, quien seguro tendrá información sobre este asunto. El autor, también puede visitar empresas recomendadas por los expertos. No obstante, esta podría ser una tarea agotadora, porque requiere investigación, tiempo, desplazamiento y contactos, recursos que no siempre se tienen. Cuando un autor elige una imprenta, está buscando algo más allá de la excelencia técnica. También el aspecto estético debe ser tomado en cuenta para la impresión de un libro. Creo que los libros terminan eligiendo el lugar donde quieren multiplicarse, o como diría Kundera, "la felicidad es el anhelo de repetirse".

Una vez definidas las coordenadas físicas del soporte del libro, se pide el presupuesto de impresión. Porque al llegar a la imprenta se deberían tener todos los detalles del libro perfectamente definidos, y expresarlo con claridad. Todo el recorrido que ha hecho el libro le ha dado forma y le ha agregado nuevas piezas. Es decir, se ha conformado el ideal que el autor soñó. Ahora, la imprenta le da soporte y cuerpo a ese sueño.

El arte final se entrega a la imprenta en formato digital y en copia física. El coordinador editorial y el impresor deben chequear la tripa del libro, página por página, lo mismo se hará con la portada y se precisará todo lo concerniente al color. Es necesario asegurarse de que el impresor está al tanto de los detalles técnicos sugeridos por el diseñador.

El impresor, junto a su jefe de taller o equipo de trabajo especialista en cada una de las áreas, se encargará de supervisar cada uno de los pasos técnicos que se llevarán a cabo durante la elaboración del libro. Sin embargo, el coordinador editorial cumpliendo con su responsabilidad, estará atento a este proceso y a la calidad del mismo en cuanto a la verificación del tipo y gramaje de papel para la tripa y la calidad de la encuadernación, la exactitud del corte de la guillotina y el perfecto acabado de todos los detalles de la portada en cuanto a cartulina, color y plastificado.

Un buen coordinador editorial trabajará siempre con buen olfato para evitar tropiezos en algunas de las fases de la reproducción, más allá de la eficacia del personal de la imprenta. Una prueba de color de la portada y de las fotografías e ilustraciones que tenga el libro, a tiempo, comprobará si el trabajo que está por realizarse cubre las expectativas esperadas.

Para el autor retirar su libro de la imprenta es cruzar un umbral. Ver los paquetes que indican el título del autor y el título del libro y cuántos ejemplares van en cada paquete es un misterio que se rompe como cuando se abre un regalo, a pesar de que la compuerta siempre entregará un ejemplar para que se vea antes de retirar los paquetes y cerrar así una etapa.

Si el libro con los siglos ha logrado evolucionar de lo artesanal a lo industrial, esto último no puede ser menos que aquello que, desde sus orígenes, se soñó que sería: un objeto lleno de un mensaje, con un contenido en su interior, pero igual de noble en lo exterior, e igual de transformador para los sentidos del lector que lo acariciará y abrirá sus páginas para leerlo.

El libro ha hecho un viaje de lo intangible al mundo tangible.

CAPÍTULO 6

Solicitud de presupuesto a la imprenta

Información general:

Nombre del autor o empresa editora.

Nombre del responsable de la edición, número de teléfono y dirección de correo electrónico.

Título del libro. Formato (medidas). Número de ejemplares.

Tripa:

Número de páginas.

¿Posee hojas de guardas y cortesías?

¿Lleva colofón?

¿Impresión de tripa a un color, dos colores o en cuatri-cromía?

¿Tipo de papel? Gramaje del papel.

La escogencia del papel va a depender de su peso, opacidad, color, resistencia, textura, dureza, firmeza a la luz y a la humedad. La selección del tipo de papel dependerá de su costo, disponibilidad en el mercado, calidad y tipo.

Portada:

¿Tipo de cartulina u otros materiales?

Tapas sueltas unidas al lomo ¿con solapas / sin solapas?

¿Plastificada en brillo, mate u otra?

¿Rústica o de lujo?

¿Con forro o sin forro?

Impresión en uno o dos colores (pantone) o 4X4 (cuatri-cromía).

Tipo de encuadernación:

Cosido con hilo, encolado, engrapado u otro.

Adicionales:

Impresión de prueba a color de la portada. Prueba a color de las fotografías de la tripa.

Prueba de una impresión de la tripa (en caso de que sea necesario).

Sistemas de impresión

Estudiar los diferentes sistemas de impresión amerita otro libro. Acá solo una mención de las más importantes:

Enrelieve(tipografía,flexografía,hotstamping,cuñoseco, timbrado)

En superficie (litografía, offset)

En profundidad (huecograbado o rotograbado) Por penetración (serigrafía, duplicación digital)

Digitales (impresión digital, impresión láser, inyección de tinta)

Híbridos (tampografía, flexográfica, tampografía en profundidad, calcografía, offset seco)

Los sistemas más usados en la industria editorial de libros, periódicos y revistas son la tipografía, litografía y el offset. Éste último es el más utilizado hoy día.

En lo virtual

Autopublicación o libro digital. Distribución digital.

Un libro digital es un texto que después de haber pasado por las fases de preproducción y producción editorial se publica en formato electrónico para su distribución, promoción y venta. Es decir, conserva las mismas características de un libro real con la diferencia de que puede ser visualizado desde equipos informáticos hasta teléfonos inteligentes.

Publicar en una plataforma electrónica tiene muchas ventajas para el autor: presupuesto de bajo costo, disponibilidad inmediata para distintos públicos simultáneamente, facilidad de copiarse y reproducirse, mayor alcance desde el punto de vista cultural y geográfico, favorece la promoción a través de las redes electrónicas, permite que el texto digitalizado pueda ampliarse al ser incorporados elementos adicionales como animaciones, videos, audio, contenidos interactivos, sistemas de búsqueda y enlaces a otras publicaciones, reduce el gasto de papel y tinta. Sin embargo, el hospedaje de estos datos genera costos energéticos, por ello muchas organizaciones ambientalistas presionan para que las empresas utilicen energía verde en sus servidores de almacenamiento.

El autor, según sus estrategias, puede disponer cuál será el destino de su libro digitalizado: distribución gratuita o comercial.

Si elige la distribución gratuita, esto llevaría a que el libro puede ser visualizado completamente sin que los lectores tengan que pagar. En este contexto, se recomienda que el autor genere el libro

electrónico en formato pdf o formato ePub sin encriptamiento DRM. El formato pdf permite que el libro sea leído y compartido, con disponibilidad para todo el mundo, en un mayor número de dispositivos (computadoras, teléfonos móviles, tabletas, etcétera). El formato ePub, también, se lee de manera gratuita si no posee encriptamiento, una desventaja sería que no está disponible en tantos dispositivos como el formato pdf.

En el caso de que el autor quiera comercializar su libro, el formato idóneo es ePub con encriptamiento de DRM. Esto permitirá que su texto solo sea visualizado en la tableta para en la cual fue comprado. DRM utiliza el serial electrónico de la tableta para que el ejemplar no pueda ser leído en otro equipo.

No es solo que el autor quiera comercializar su libro, sino que ahora le toca plantearse la siguiente pregunta. ¿Quiero comercializar mi libro de manera independiente o prefiero entregarlo a una plataforma reconocida para que lo distribuya y venda?

Si toma la opción independiente, lo puede hacer a través de su página web. La ventaja de esto, es que el autor se queda con todas las ganancias de sus ventas, es decir no tiene que pagar porcentaje alguno por la venta de su libro a terceros. Sin embargo, le corresponde encargarse de la contratación, y toda la solución de comercio electrónico, a esto se le sumaría todo el trabajo de promoción y difusión de su página.

La otra opción es a través de una plataforma de distribución, promoción y de venta, como Amazon o iBooks Store de Apple. A través de estas empresas de servicios tecnológicos la logística es más sencilla porque ellas se encargan de todo el mercadeo. Y además el libro se insertaría en un catálogo muy amplio. Un elemento importante a considerar es que estas plataformas cobran una comisión por cada libro vendido. Todo lo relacionado con los derechos de autor, exclusividad y porcentaje de ganancias se establecen contractualmente y según las políticas de estas empresas.

La publicación del libro digital ha venido a ser una forma complementaria para los autores al momento de publicar. Con el tiempo, muchas editoriales convencionales siguen publicando en grandes cantidades, pero, también, se observa el fenómeno de hacer versiones digitales de sus libros para llegar a un público de lectores más amplio.

Ofelia Grande, directora de Ediciones Siruela comentó al respecto: "No sólo están condenados a entenderse sino a complementarse. En cualquier caso, no tendría que ser una condena. Es ofrecer a los lectores el mismo contenido en el formato que ellos prefieren. Tener dos formatos no es un capricho, es una necesidad de cualquier empresa editorial. Si no, a lo que nosotros mismos nos condenamos es a perder estos lectores cuya opción es leer libro electrónico. No es una guerra, es sólo un formato".

Tampoco es menos verdad que algunas editoriales virtuales hallan eco al publicar la versión en papel de sus libros digitalizados.

El mundo digital se ha convertido en una puerta sin límites para la autopublicación, esto ha traído consigo experiencias poco afortunadas. Publicar de forma inmediata y ponerla al alcance del mundo facilita la exposición de textos de mala calidad, no bien pensados y con muchos errores. Los autores tienen que estar conscientes que los portales digitales son solo canales de distribución. No tienen la obligación de revisar y verificar contenidos, solo en caso de denuncias y de transgresión de leyes o acuerdos contractuales tienen la potestad de retirar los libros. Según lo acotado, al autor le corresponde corregir y velar por la calidad de lo que está publicando.

CINCO

El mundo es una palabra

La distribución, la promoción y la difusión

Los medios de comunicación de masas extienden las obras de la literatura pero, por dentro, ésta diluye al literato en sus propias refracciones, lo dispersa y atomiza en la explosión de palabras, lo empuja hacia la nada establecida a partir de la sustitución de la realidad de los hechos. Jamás como hoy el literato ha tenido mayor audiencia, y jamás como hoy ha estado más muerto.

Juan Liscano

Siempre hemos entendido el libro como un transmisor de cultura. Al contrario de la idea romántica de que leer es un modo de ensimismarse, para nosotros leer ha sido una de las formas más idóneas de tender puentes con la realidad.

Manuel Borrás

Cerrando el ciclo

La distribución.

¿Será cierto que los libros llegan a los lectores?

¿Cómo puedo distribuir mi libro?

¿Cuáles son los diferentes tipos de de distribución?

La distribución cierra el primer ciclo del sistema editorial que se inicia con la producción de un manuscrito, y abre una nueva etapa que comienza cuando el libro sale de la imprenta hasta que llega a las manos del lector. Es el puente que comunica las editoriales o autores con las librerías y diferentes sitios de venta. Comprende la logística y la comercialización que garantiza que el libro sea adquirido.

Este negocio requiere que los libros sean comprados por los consumidores finales. La venta cierra la cadena de distribución. Comercializar libros es una tarea que exige esfuerzo, vigilia y renovación constante. Quien se dedica a este oficio tiene que estar buscando nuevas formas de sostenerse y de proyectarse. El paso del tiempo ha demostrado lo importante que es en la distribución, una estructura comunicacional que permita colocar los libros en nuevos espacios a través de la promoción y la difusión. La comercialización de libros depende de factores políticos, económicos, geográficos y sociales; en el caso de América Latina,

¿cómo lograr una mayor eficiencia en la distribución, promoción y difusión del libro? Más allá de las políticas de Estado que se puedan implementar, el mercado tendría que desarrollar una estructura coherente entre oferta y demanda. Aunque este tema corresponda a

los especialistas, en mi opinión, en el proceso de distribución, hay mucho por hacer y con oportunidades de negocio.

La distribución editorial no es independiente, pues depende de las decisiones de otros. Las circunstancias que afectan su ámbito son:

Fondo editorial muy amplio: las editoriales se multiplican todos los días, y, por el contrario, las librerías y lugares de venta van cerrando sus puertas. Las librerías se han mudado a los centros comerciales en la búsqueda de una mejor opción de promocionar y vender sus productos, pero aún así las ventas, en la mayoría de los casos, nunca superan la del resto de las tiendas.

Crecimiento desproporcionado del mercado: cada año se publican más libros, las editoriales tienen un catálogo en aumento. Las fundaciones, instituciones, universidades, empresas comerciales y autores actuando individualmente producen un creciente número de títulos y es paradójico, pero la cantidad de compradores disminuye.

Diversidad de temas: no todos los libros se pueden vender en el mismo espacio. Las librerías se centran, generalmente, en temáticas afines, se especializan, se orientan según su localización y concepción de negocio. Por eso no reciben todo tipo de libros: o las hay muy comerciales, o las que se dedican a la difusión de libros literarios, o a la venta de ejemplares escolares. Muchos libreros comentan acerca de la cantidad de libros inadecuados que reciben.

Devoluciones masivas por parte de las librerías y tiendas: la devolución de un libro es el fracaso del proceso de distribución. Además de los costos de logística que asume, se agregan gastos adicionales. Un libro puede ser devuelto por falta de promoción y difusión. En ocasiones las librerías devuelven paquetes sin abrir porque la temática no es de su interés. Ocurre, también, aunque se piense lo contrario, que algunas novedades quitan espacio a los títulos que ya existen en el mercado.

En este sentido, describo los diferentes tipos de distribución que a mi juicio operan en el mercado editorial:

Las distribuidoras: son empresas encargadas del almacenamiento, el transporte de los libros (a tiempo y de manera oportuna, en los sitios adecuados), la difusión y colocación en el mercado, la facturación, venta y cobranza. La eficiencia de sus procesos permite a las editoriales y a los autores tener oportunamente ubicados sus libros en diferentes lugares alrededor del país e incluso en el exterior.

Comercializar los libros a través de distribuidoras, evita situaciones engorrosas. Para encontrar la adecuada es necesario hacer una revisión de las ofertas de estas empresas. Lo ideal es hallar una distribuidora con experiencia en el medio, con sólidas referencias y recomendaciones, con un staff de buenos vendedores. Como suele suceder en el mercado, las competencias y la calidad de los servicios varían. Existen algunas variables a la hora de evaluar una distribuidora: cobertura nacional, trayectoria y permanencia en el mercado, listado de proveedores y clientes, catálogo de títulos actualizados, credibilidad en el medio, reconocimientos, participación en eventos, ferias nacionales e internacionales, presencia en internet y en redes sociales, disponibilidad para ventas online.

Estas empresas alimentan a los diferentes canales, desde las librerías pequeñas hasta las grandes cadenas internacionales, pasando por los quioscos de diarios y revistas, los grandes supermercados, bazares, farmacias, papelerías, correos, instituciones, fundaciones, empresas, bibliotecas, centros comerciales, estaciones de tren o metros, aeropuertos, redes sociales y demás posibilidades que ofrece internet, por subscripción o por bundles. Además fortalecen la bibliodiversidad y

sostenibilidad de medianas editoriales y librerías pequeñas.

Las distribuidoras tienen las puertas abiertas en las redes de libreros, pues distribuyen centenares de libros,
a diferencia de un

autor que podría llegar con un solo libro. Por eso cuando el autor decide comercializar su libro se le aconseja
buscar una distribuidora, firmar con ella un contrato
donde se especifica el título del libro, la cantidad de
ejemplares en consignación, su género o categoría, PVP
(precio de venta al público sugerido) y descuento sobre
éste por ejemplares vendidos. El total será dividido de
la siguiente forma: casi siempre, el 40% es para las
librerías, el 20% para la distribuidora y la diferencia
corresponde al autor. El titular debe conservar copia de
ese contrato, firmado y sellado, para demostrar que sus
libros fueron consignados. En ocasiones, he sido testigo
de autores que no pueden demostrar la consignación
aunque su nombre aparezca en la portada, por lo tanto
no reciben el pago correspondiente.

Editoriales-distribuidoras: la editorial tiene su propia
red de distribución. Estas empresas tienen un mayor
tamaño y una entidad empresarial altamente profe-

sionalizada. En el caso de las editoriales de libros escolares, el CERLALC (Centro Regional para el Fomento del Libro en América Latina y el Caribe) dice a propósito: "la gran masa de producción editorial en la región -los textos escolares- en los principales países se moviliza a través de las licitaciones oficiales que plantea la venta directa de la editorial a las entidades educativas oficiales".

Librerías-distribuidoras: algunas librerías se han convertido en distribuidoras. Esto ha sucedido ante la dificultad de importar libros en el contexto venezolano. Estas empresas negocian directamente con las grandes casas editoriales extranjeras para venderlos en sus tiendas y además distribuirlos entre otras librerías locales.

Autor-distribuidor: cuando el autor prescinde de los servicios de las distribuidoras, bien por no compartir sus utilidades o por las experiencias que ha tenido con ellas. Para emprender esta labor el autor necesita tener cierta orientación, ya que, tal vez, él por sus medios no tiene la capacidad, el tiempo, la disposición y los recursos para asumir esta responsabilidad. El tiempo ha demostrado que la relación comercial autor-librería, no siempre es saludable.

Son pocos los autores que pueden comercializar sus libros por ellos mismos. La distribución de un libro requiere, además de todo lo ya expuesto, una agilidad de negociación que a veces no se tiene. Uno de los errores más comunes cometidos por los autores inexpertos es dejar ellos, personalmente, sus libros en las librerías para la venta.

Una amiga, escritora, me contó lo que le ocurrió una vez que había dejado los libros por su cuenta en la librería. Ella dejó sus diez "libritos", como los llamaba cariñosamente, en una librería para que se los vendieran, le firmaron su nota de consignación y todo bien. Por no molestar a la librería, o por dar tiempo a que su "librito" se vendiera, dejó pasar un año, ni siquiera llamó por teléfono para chequear como iban las ventas. Luego de un año, decide un día apersonarse por la librería. Cuando llega, observa que hay cambios en la distribución de los libros, pero bueno eso es normal, también se da cuenta de que los vendedores son otros y que el librero que se acerca para atenderla es otra persona, por supuesto, ajeno totalmente de quién es ella, pero eso también es normal. Esta amiga, entonces, le cuenta al librero la historia de que había dejado su libro allí. El librero la interrumpe y muy organizado le pide la nota de consignación que le firmaron en la librería, para buscar los datos en la computadora y realizar el corte. La escritora le sonríe y le dice que esa nota la perdió en un viaje o que se quedó guardada, sin notarlo, en una cartera. El librero sin inmutarse, le expresa sus disculpas, pero le dice que sin la nota de consignación no puede proceder a realizarle el corte. Todavía, ella confiada, saca su cédula y la muestra y dice que ella es la autora del libro, "qué mayor prueba que esa". El librero le insiste que no puede realizar la operación. Ella como última posibilidad le dice que lo busque en el sistema. Este asiente, pero su cara es aún mas de asombro: "lo siento acá no tenemos ningún libro registrado con ese título".

Más de un autor admite, que las veces que ha ido a cobrar en las librerías por las ventas de sus libros, no ha recibido pago, las causas pueden ser muchas. Y lo seguro, es que la librería esté

haciendo lo correcto. ¿Cómo pagar unos libros, cuya cantidad se desconoce y no hay una nota de entrega, y además no aparece en el sistema del recibido de libros?

En caso de que el autor insista en llevar a cabo la distribución de su libro, el coordinador editorial podría asesorarlo, diciéndole que guarde su nota de consignación en una carpeta, que visite una vez al mes las librerías para ver cómo van las ventas, que se haga conocer por los libreros, y que si puede haga promoción de su libro.

Algunos autores han conformado un equipo de 2 o 3 personas solo para la dedicación exclusiva de la distribución y venta. Pero, la realidad es que no siempre los autores pueden darse el lujo de costear su propia distribución.

La celebración

La promoción.

¿Cómo promociono mi libro?

¿Cómo anuncio que he publicado?

Muchos libros no se distribuyen porque los autores y algunas editoriales no encuentran qué hacer con ellos, y la prueba de esto son los depósitos llenos, esperando que el tiempo, la humedad, el polvo y las polillas, hagan su trabajo. Más de una vez me he preguntado: ¿qué pasará con libros que no son distribuidos? No pocos han sufrido la penosa prueba de ser triturados y reciclados. Esto ocurre, cuando el libro no recibe una promoción efectiva. La promoción editorial es el conjunto de modalidades que se utilizan para dar a conocer un libro en el mercado, en una sociedad, en una nación o región.

En el pasado, la mayoría de los autores, en especial los literarios, se sentían incómodos al momento de promocionar o dar a conocer su libro. La aparición de las redes sociales ha quitado el velo y "pudor" que existía, y con el tiempo, los autores han comenzado a autopromocionarse, sobre todo las últimas generaciones. Sin embargo, este "pudor" tiene que ver, a mi parecer, con la convicción de que el arte no debe comercializarse.

Publicamos un libro porque sentimos la necesidad de comunicar algo e interactuar con los lectores. Siempre he pensado que los buenos autores se esconden tanto que hay que inventarles premios. En estos casos, es la sociedad la que termina promocionando al autor, la que los busca y los llama. Es al autor a quien le corresponde dar a conocer su libro. Es lo mínimo que puede hacer

por su trabajo. Es parte de su responsabilidad como creador mostrar lo que ha concebido o, por lo menos, hacer el esfuerzo de colaborar con las editoriales en su promoción. No obstante, se sabe que no todos los autores tienen el temperamento o el carisma para hacer esto, por ello se insiste en la necesidad de tener personas idóneas para realizar el trabajo de promoción.

Las librerías reciben diariamente un número elevado de publicaciones. Como es comprensible, no siempre tienen suficiente espacio para albergarlas. Los libros más promocionados tienen un puesto privilegiado, por pocos días, en las vitrinas o mesas de exhibición. Un título que no ha sido bien promocionado, no será comprado y, por lo tanto, no ocupará el lugar de honor. Al poco tiempo, los libros se mudan a los anaqueles y los que no han sido comprados pasan a los depósitos de las librerías a vivir en un limbo, lugar incierto, junto a otros títulos. El autor no debe desanimarse si su libro no se vende de inmediato. Algunos aparecen y desaparecen a los ojos de sus autores y lectores. Hay libros que han sido un éxito luego de años de publicación. Son variadas las causas por las cuales puede recuperar el espacio que había perdido. Hablo de excepciones, porque lo común suele ser el olvido.

¿Qué pasa cuando es el autor quien asume la promoción? Él, tal vez, no tenga las herramientas para hacer por él mismo la promoción. Es entonces, cuando su coordinador editorial le sugiere que contrate a un comunicador social para que se encargue de la promoción de su libro. El profesional seleccionado tendrá credibilidad y buenas relaciones con el sector cultural, manejo de los diferentes medios de comunicación tradicionales y masivos, y de sus distintos formatos; información actualizada de contactos de periodistas, medios, perfiles de los programas, redes sociales y demás puntos de interés.

El periodista, primero, elabora el perfil comunicacional del autor, el perfil comunicacional del libro, las piezas promocionales; segundo, convoca a sus contactos y colegas para que lo apoyen con la promoción; tercero, define los medios de comunicación adecuados y

les envía las piezas promocionales; cuarto, solicita al autor los datos de sus allegados para invitarlos a la presentación; quinto, verifica si el libro se encuentra en las librerías y lugares de venta; sexto, despacha una gacetilla a los vendedores para que tengan información sobre el libro; séptimo, asesora junto con el coordinador editorial todo lo relacionado con la producción y logística del lanzamiento.

No es competencia de esta publicación explicar cómo se hace la campaña de promoción de un libro. Considero oportuno que el autor no avezado vaya formando su propio criterio sobre el tema, al momento de hacer público el nacimiento de su obra. La presentación del libro es el día más importante para un autor y sigue siendo una de las maneras más efectivas de promoción por la expectativa que genera ante el público.

CAPÍTULO 7

P erfil comunicacional del autor

Consiste en realizar una entrevista al autor a fin de determinar la siguiente información para la campaña promoción y difusión:

Formación académica o artística.

¿Cuál es su medio de trabajo?

¿Es conocido en el medio literario o del área que trata su libro?

¿Cuántos libros ha publicado?

¿Qué expectativas tiene para la promoción de su libro?

¿Está dispuesto a trabajar en la promoción de su libro?

¿Cuánto tiempo puede invertir en su promoción?

¿Qué cantidad de personas será capaz de movilizar por él mismo?

¿Quiénes cree que serán los potenciales compradores de su libro?

¿Está dispuesto a promover su libro para todo público o solo quiere promoverlo en ambientes académicos y/o culturales?

¿Tiene cuenta en Facebook, Twitter, escribe en algún blog?

¿Posee listado de contactos de amigos y conocidos?

Evaluación comunicacional del libro

Al libro, objeto de la campaña de promoción, también, se le realizará su perfil a fin de evaluar sus fortalezas y debilidades:

Definir a qué target de lectores está dirigido.

Identificar el tipo de lector que podría estar interesado en leer este libro.

¿El título es suficientemente atractivo para que el lector o el consumidor o hacia quienes va dirigido se detengan en él?

¿En qué área del saber se ubica el libro? Si es literario, ¿a qué género pertenece?

¿Cómo explotar el título y hacerlo atractivo?

Relación entre el diseño del libro y el tema abordado en el mismo.

¿Cuáles son los atributos estéticos del libro?

¿El tema es de actualidad? Y si no lo es, ¿en qué punto se pueden incluir a los lectores de las nuevas generaciones?

¿La contratapa logra atraer al lector?

¿Cuál es la relación del autor con su obra?

¿Cuáles serían los otros títulos que competirían porque abordan las mismas temáticas?

Contestar estos ítems será de gran utilidad al momento de escribir las piezas de promoción.

Piezas de la promoción

Para realizar un buen trabajo comunicacional se redactan cada una de las piezas que integrarán la carpeta de promoción: gacetilla de prensa, nota de prensa, tarjeta de invitación, flyers y otras.

Actividades adicionales

Ejemplares de cortesía para los medios, que generen interés por el libro, para críticos, reseñadores, lectores de prestigio que pueden recomendar el libro (generalmente escritores reconocidos vinculados al área o género al que pertenece el libro) y personas sugeridas por el autor.

Página web o blog para promocionar el libro (si el autor no la tiene). Cuentas de Facebook y Twitter para promocionar el libro.

Gacetilla de prensa

Los contenidos que incluye son los siguientes:

Arte final de la portada.

Información técnica (número de páginas, índice, Depósito Legal, ISBN, etcétera).

Sinopsisoresumendellibro(generalmenteapareceenla contratapa).

Nota curricular o biográfica del autor (resumida).

Números de teléfonos y correos electrónicos de contacto de las personas que están realizando la promoción.

Este material será enviado a los vendedores, a las librerías y a los distribuidores y a los medios de comunicación.

Nota de prensa

Incluye toda la información general sobre el libro: Fecha de elaboración de la nota.

Título del libro y nombre del autor.

Fecha, día, hora y lugar de la presentación e indicar actividades especiales, (acompañamiento musical, representación, performance

) brindis, o cualquier otro detalle que ayude a movilizar al público. Síntesis del libro.

Minibiografía del autor.

Breve biografía sobre el presentador.

Información sobre la editorial o el responsable de la edición. Librerías en las que el libro está disponible.

La nota de prensa se distribuye de manera digital e impresa a los medios de comunicación. Antes se debe llamar por teléfono a los coordinadores de la sección de libros de los medios para saludarlos e informarles que se le está enviando la información.

Tarjeta de invitación

Se sugiere colocar lo siguiente:

Logo, nombre jurídico de quien convoca o publica el libro. Nombre y apellido del autor.

Título del libro.

Nombre del presentador.

Fecha, día, hora y lugar de la presentación, agregando entrada libre o indicando si tiene costo de entrada, estacionamiento disponible (si lo hay), y brindis (opcional, pero recomendable).

Otras piezas de promoción

Pendones.

Afiches.

Publicidad (avisos de prensa).

Preparación de materiales para los puntos de venta (marcalibros, volantes, stickers y otros).

Presentación y lanzamiento del libro

La presentación de un libro exige una logística que incluye:

Decidir fecha, día y hora adecuada, considerando el tipo de público que se quiere asista al evento.

Elegir el espacio donde se realizará la actividad.

Escribir las cartas de solicitud del lugar y tramitar el permiso correspondiente de uso.

En mutuo acuerdo con el autor, seleccionar y contactar al presentador. Si el presentador es conocido o amigo del autor, es mucho mejor. Enviarle el libro. Es imprescindible que conozca el libro.

Invitar a todos los amigos del autor y demás personalidades del sector cultura o del área de conocimiento del libro.

Seleccionar y llamar al servicio de catering.

Confirmar con el distribuidor que los libros estén ubicados para la venta en el lugar de la presentación.

Llamar a la floristería para decorar el lugar del evento o colocar un jarrón con flores.

Contratación de un proveedor de sonido (si el sitio del evento no cuenta con este tipo de equipos).

En función del tipo de presentación que se realizará, se sabrá cuál es el equipamiento necesario (sonido, videobeam, equipo de proyección, componentes informáticos, iluminación, fondo musical o música en vivo).

Dependiendodeltipodeactividad,serealizaránpruebasde sonidos.

Confirmar la asistencia de los medios de comunicación, el día anterior al bautizo.

Recordar al presentador y al autor la importancia de su puntualidad en este evento.

Tendiendo la mano

La difusión.

¿Por qué hay tantos libros y pocos lectores?

¿Qué diferencia hay entre un consumidor de libros y un lector?

La promoción y la difusión van de la mano. Luego de toda la promoción que se le hizo al libro para su presentación y bautizo, viene la etapa de difusión, que permitirá que el libro continúe vendiéndose y no quede olvidado en los anaqueles o depósitos de una librería.

La difusión, desde el punto de vista editorial, consiste en fomentar la lectura. Para lograrlo, las editoriales y el autor enviarán los libros a las bibliotecas, a las ferias, a los concursos y revistas literarias nacionales e internacionales, a aquellos investigadores, críticos, estudiosos, especialistas en el tema, a los periodistas y a todos los que puedan generar en los demás futuras lecturas sobre la obra.

Las editoriales y las librerías deben hacer otras alianzas para impulsar el mercado del libro desde nuevas perspectivas. Más allá de movilizar las librerías a los centros comerciales, aeropuertos y andenes, éstas deben incentivar la creación de una cultura sólida de lectura.

Quizás, el mundo editorial podría tener un poco más de osadía. Ubicar carteles a las entradas de las librerías, colocar varios libros hasta formar una pirámide en los pasillos, ponerlos en las mesas de exhibiciones, detrás del cajero o exponerlos cuando entramos y salimos del establecimiento, ya no atrae como antes a una persona a comprar un libro. El viejo truco de las editoriales al aprovechar el éxito de libros que son muy vendidos para mercadear los que no se venden, podría cambiarse por nuevas propuestas.

En todo caso, a un editor le interesa mantener el interés vivo del público, centrado en cada uno de sus productos. Es por ello que la difusión debe seguir inmediatamente después de que el libro sea presentado a los medios y al público general.

Actualmente, se están publicando una gran cantidad de libros, las editoriales y las imprentas están saturadas por la alta demanda, a esto sumamos los autores que publican de manera independiente y las instituciones, fundaciones y universidades que también lo hacen.

¿Se lee tanto o menos de lo que se publica? ¿Los lectores realizan compras conscientes o son compras automatizadas? Sencillamente, existe el imperativo de que comprar libros te hace intelectual o simplemente, nuestra sociedad de hiperconsumo obliga (Lipovetsky, 2007) y la gente se da a la tarea de adquirir libros como si se tratara de cualquier producto. Según el mencionado estudioso, el público está comprando mercancías no porque realmente las necesite, sino por el mensaje que ha sido internalizado por el colectivo al venderle la idea de que mientras más compres, más feliz eres.

¿Cuántas personas compran dos veces el mismo libro, porque olvidaron que ya lo habían comprado en la feria anterior, o porque en un descuido se ha caído detrás de la estantería? ¿Cómo sabemos si el público está leyendo o acumulando en sus casas una torre de libros intactos?

Partiendo del enfoque de Lipovetsky, en el universo de los libros existen los lectores y los compradores compulsivos. Pareciera que las editoriales han encontrado en los compradores compulsivos unos nuevos clientes a quienes dirigirles las ventas.

En el siglo pasado, se hizo mucho énfasis en la importancia de la difusión del libro y de la lectura. Al editor le interesa que los libros

superen las expectativas de venta. Al autor le importa no solo la promoción de su libro sino que sea comprado y, más aún, leído. Éste desea tener un nuevo lector cada día, porque completa el ciclo creativo que inició con una idea en su mente. El lector le da sentido al libro y es el porqué de su existencia.

Desde un punto de vista más amplio, la difusión del libro se refiere al campo de la política cultural en la que interviene el Estado, actores sociales y movimientos intelectuales. Requiere técnicas, herramientas e instrumentos para la planeación organización y gestión, así como la estructura para llevar a cabo su política cultural.

La difusión debería enfocarse desde la escuela, trabajar con los niños y, más aún, con los padres y maestros, ya que ellos son los llamados a estimular su atención por la lectura. Los niños por ellos mismos no van a buscar un libro, salvo algunas excepciones. Prefieren mirar la televisión, hacer cosas que los distraigan del colegio. Cuando salen de la escuela, no quieren saber de libros, quieren jugar pelota, muñecas o distraerse en otras actividades. Hay que comenzar por leerles, escribir libros para incentivar su lectura, propiciar recitales para niños y el contacto directo con los escritores ya que éstos motivan a niños y adultos. La clave es enseñar y educar el gusto por la literatura (poesía, novela, ensayos, dramaturgia) y por los distintos tipos de lectura que puedan existir.

Es el momento de recordar a Marguerite Yourcenar (1985) cuando dice que: "El verdadero lugar de nacimiento es aquel donde por primera vez nos miramos con una mirada inteligente; mis primeras patrias fueron los libros. Y, en menor grado, las escuelas".

La difusión del libro y, por ende, la lectura es un tema muy amplio que exige ser abordado desde otras perspectivas y sería material para otro libro de ensayo. Es ocasión de citar al autor de El cuarteto de Alejandría: "No creo que uno lee para escapar de la realidad. Una persona lee para confirmar una realidad que sabe que está ahí, pero aún no ha experimentado".

Junto a Lawrence Durrell, lo ideal es que cada libro comprado sea leído. No creo que la literatura vaya a salvar al mundo, pero sí pienso, que leer un libro le da al lector una manera distinta de abordar la realidad, por más difícil que sea su vivencia. Cuando leemos se abren compuertas dentro y fuera de nosotros. Y es en el afuera donde a veces, también, necesitamos encontrarnos. La lectura de un libro podría darnos el abrazo que necesitamos o abofetearnos si estamos dormidos, nos hace conscientes y nos confirma cosas que están allí y que aún no hemos vivido.

CAPÍTULO 8

Opciones para la difusión de los libros

Reseñas de libros.

Giras de medios del autor.

Circulación de las fotos del lanzamiento del libro por redes sociales y páginas web.

Participación del autor en ferias nacionales e internacionales. Concursos y reconocimientos a las trayectorias de los autores. Participación del autor en seminarios y encuentros.

Conversatorios en colegios, educación secundaria y universidades. Eventos de firma de libros.

Recitales.

Foros.

Visibilidad en las vitrinas de las librerías. Bibliotecas.

La autodifusión.

Merchandising.

Suscripciones a revistas y catálogos.

Redes sociales (el mundo digital sin fronteras).

Un libro se mantiene vivo gracias a los lectores, quienes lo leen, lo recomiendan, lo citan y hasta lo prestan y lo regalan a personas que lo apreciarán.

Etapas de la creación, edición y publicación de un libro

SEIS

Vitrales de voces

Editorial Eclepsidra

La palabra nos pone la casa y la habitamos.

Elizabeth Schön

No podemos recorrer todos los jardines no

podemostenertodoslos silencios. Este camino

es nuestro único camino

Martha Kornblith

Eclepsidra: E de ecléctico y clepsidra (de las palabras griegas kleptein, "robar" e "hydro", agua) reloj de agua, también su origen pudo haber sido egipcio o romano. La clepsidra era utilizada para medir el tiempo a partir del flujo del agua a través de un mínimo orificio. En Occidente, actualmente, solo quedan muestras de los relojes de arenas, como proceso de transformación del agua que ha sido absorbida por la arena y le ha dado sus múltiples colores.

La poesía nos hizo editores

Durante la década de los noventa, un grupo de jóvenes poetas decidimos unir nuestras emociones a través de la poesía, para conformar el Grupo Eclepsidra. Nos unía el deseo de acercarnos a la tradición poética de nuestro país, tradición con la que los movimientos literarios que nos precedían habían creado una ruptura:

En ellos no hay una voz poética común, no tienen un programa colectivo, no defienden un contenido específico, en suma, no le han dado paso a un "manifiesto" poético a través del cual se fragüen lineamientos y verdades, impugnaciones y aprobaciones. En su clara diversidad radica la fecunda idea que los agrupa. Quizá encarnan, en estos tiempos de crisis y de escepticismos estéticos, una muy singular concepción posmoderna de la poesía, un movimiento que va hacia el poema mismo, una mezcla de lo viejo y lo nuevo, de lo anacrónico y lo vanguardista, de lo solar y lo lunar, la exaltación por un lado y el miedo por el otro. No son ni el anti grupo ni el contra grupo. Simplemente son un conjunto de diez poetas, cuyas

escrituras convergen gracias a una coincidencia amistosa, a la necesidad de propiciar una alianza en torno a los afanes y dificultades de la poesía. (Juan Carlos Santaella, en Antología poética Grupo Eclepsidra, 1994).

Nuestro entusiasmo fue gestando una nueva emoción, la de publicar una antología que juntara nuestras voces. Es así como surge la idea de crear una editorial dedicada a la poesía, cuyo primer libro fue Vitrales de Alejandría. Aunque el grupo Eclepsidra estuvo integrado por doce personas, solo aparecen en la antología los diez que decidimos dar ese paso: Abraham Abraham, Fernando Escorcia, Israel Centeno, Luis Gerardo Mármol, José Luis

Ochoa, Iván Crespo, Miguel Ángel de Lima, María Mila-
gros Pérez, Martha Kornblith y Carmen Verde Arocha.

El poeta Juan Liscano, nos dio su apoyo diciendo: "lo
novedoso de la Editorial Eclepsidra es que es un grupo
de jóvenes poetas que crean una editorial sin preten-
siones de ser parricidas, sino que más bien buscan un
puente con la tradición".

No sabemos en qué momento nos volvimos editores,
lo que recordamos es que fue la poesía quien lo hizo,
quien nos llevó a soñar y edificar este proyecto, que
es ahora un vitral donde muchas voces convergen y
dialogan.

Rafael Arráiz Lucca en El Coro de las voces solitarias,
registra:

En los primeros años de la década surgió un grupo que
tuvo la prudencia de no asumirse como tal: "Eclepsidra",
y que ha logrado concretar su aventura colectiva en un
proyecto editorial

exitoso. El grupo emergió de un taller de poesía que guié
en la sede de Monte Ávila Editores y que, a partir de él,
sus integrantes continuaron sus vidas creadoras juntos,

aunque no en comunión pragmática estética, más allá de la pasión editorial. (2003).

La Editorial Eclepsidra tuvo su sede, durante siete años, en los espacios de la Casa de la Poesía Pérez Bonalde, dirigida por el poeta Santos López; éste fue el proyecto de poesía más importante, en el país, de los últimos veinte años. La Casa de la Poesía significó para nosotros la vinculación con la tradición poética venezolana. Nos permitió leer y conocer a los poetas ancestros, y nos dio la oportunidad de compartir y conversar con los poetas venezolanos vivos de diferentes generaciones. A través de sus programas "Los poetas en compañía", "Poesía en el Centro", "Semana Internacional de la Poesía", nos puso en comunicación con la voz de importantes creadores de poesía de los cinco continentes, que se dieron cita en Caracas.

En la Editorial Eclepsidra comenzamos como autodidactas de la edición, gracias al amor por los libros y por la poesía. Fuimos aprendiendo a través de nuestros aciertos y errores. Convocamos la palabra de poetas noveles con la de los consagrados. Nos buscábamos en cada autor y en cada título. La poesía nos hizo editores.

Como ocurre en todos los sueños creativos, algunos de los integrantes que dieron origen al proyecto editorial, fueron tomando otros caminos donde concretar un nuevo sueño. No puedo dejar de recordar a Martha Kornblith, querida poeta y amiga, con quien compartí la ilusión de los primeros años de esta editorial. Leíamos juntas a muchos poetas. Corregíamos nuestros poemas. Hablábamos acerca del futuro de Eclepsidra. Martha nos

acompañaba con su voz callada, mientras dialogábamos en nuestro interior. Siempre estaba allí escuchando nuestras conversaciones, a veces nos hacía voltear para decir una palabra o dos, que rompiera una discusión acalorada. Martha me visitaba todos los días en mi oficina en la Casa de la Poesía y pasaba horas en silencio, mientras me veía trabajar. También, recuerdo que en cada uno de sus viajes de vacaciones se acompañaba de muchos libros de poesía, porque la poesía la hacía feliz.

La Editorial Eclepsidra, actualmente, integrada por los poetas Carmen Verde Arocha, Luis Gerardo Mármol, María Antonieta Flores, Rafael García González y Madelein de Jesús Verde, mantiene el espíritu original de su creación. Junto a ellos, otros profesionales se han sumado trabajando en la lectura, corrección y diseño de sus libros.

Lo sencillo de la vida es eso: dar y recibir

La Casa de la Poesía, cuya simbología representaba la estrella que caía del cielo y la flor que crecía desde la tierra, dos símbolos básicos en cualquier poesía y en cualquier civilización, quería comunicar algo sencillo: romper con el estado de aislamiento en que había caído la poesía y los poetas en nuestro país; evitar las roscas y los grupos de poder para darle más amplitud a la voz de la poesía; abarcar todas las artes y que la poesía fuera una expresión multidisciplinaria; honrar, respetar y dignificar el oficio de los poetas; estimular a las nuevas generaciones; y llevar la poesía y la voz de los poetas al gran público... entre otros objetivos. Fue una ética y una estética llevada a la práctica, con lo cual se trascendió el nivel y el paradigma de cualquier grupo literario. Cuando emerge la Casa de la Poesía había una falta de generosidad cultural para con la poesía. Por eso la Casa de la Poesía representó un momento de generosidad en el quehacer literario y cultural. Lo sencillo de la vida es eso: dar y recibir, el gesto del cielo como dador y la tierra como receptora. Y en cuanto a lo que ocurre hoy, años después de la desaparición de esta experiencia, lo podríamos decir parafraseando a Machado: ahora uno está viendo cosas muy claras que no son verdad.

Santos López

Presidente-Fundador de la Casa de la Poesía. Caracas, 26 de agosto de 2013.

La experiencia de editar textos literarios

En un encuentro de profesionales de la edición, celebrado en Madrid (2013), Manuel Borrás, editor de Pre-textos, señaló lo acertado de establecer una distinción entre editores literarios e industriales. Este comentario viene a mi memoria al recordar cómo nació la Editorial Eclepsidra y qué fue lo que nos motivó a crearla en 1994. Nuestro impulso fue el deseo y el sueño que abrigábamos de publicar nuestros poemas, luego descubrimos el amor por la edición y la publicación de textos literarios. Eclepsidra se consolidó como un espacio de confluencia de todas las formas literarias y de pensamiento. Es el esfuerzo de quienes durante años hemos acompañado a poetas, narradores, ensayistas, dramaturgos y otros a transformar en libro lo que originalmente fue una idea.

Queríamos una forma de diferenciar nuestros títulos de las ediciones de otras casas editoras. En ese año, exploramos distintas propuestas de diseño, buscando lo atractivo, original y poco común. Decidimos crear dos colecciones Vitrales de Alejandría, Poesía y Memoria de Altagracia, Narrativa. Como toda conjunción, la Editorial sufrió una separación: la colección de narrativa se convirtió en otra editorial. Con los años, Eclepsidra fue ampliando sus horizontes y se crea la segunda colección llamada Fuegos bajo el agua, Ensayo. Era el tiempo de consolidarnos y ampliar nuestro catálogo que ya contaba con varios títulos, incluyendo la firma de escritores consagrados. De este modo, se crean las colecciones: Catedral Solar, Testimonios (2005); El patio de las Ancízar, Dramaturgia (2011), nace esta colección para reunir a los escritores de este género, y dar reconocimiento a los textos dramáticos antes de ser puestos en escena. El falso cuaderno, Narrativa (2011). El esfuerzo

más reciente, en el 2013, es la recién creada serie Los cuadernos del destierro.

Eclepsidra busca restablecer el puente entre las nuevas voces y la tradición, en homenaje y reverencia a los creadores que nos preceden. Por eso, cada colección es una casa donde convergen distintos ecos de la expresión escrita y se acoge a la bendición y nombre de un autor que funge como padre o madre de las voces que se van sumando. Cada una de las colecciones dialoga con otras disciplinas artísticas como la fotografía y el dibujo de venezolanos y extranjeros reconocidos o noveles.

Dedicamos tiempo a cada proyecto y a sus autores. Los manuscritos llegan con sus propias necesidades, hay algunos que exigen más que otros. Eclepsidra les da a todos el tiempo que requieren. Publicarle un libro a otro autor significa, para los que integramos el equipo editorial, postergar, por momentos, nuestro ejercicio como escritores. El trabajo editorial es generoso, sobre todo cuando se es un editor que también escribe, como es el caso. Editar y publicar "es darle honores a los textos" de otros, cuerpo y dignidad para que más allá de su contenido tengan armonía, estética y sea amable para los sentidos del lector.